目覚めの力

悟りと死が教える人生の目的

THE POWER OF ACCOMPLISHMENT

WAHEI IWAKI

岩城和平

蓮華舎
Padma Publishing

目覚めの力

The Power of Accomplishment

悟りと死が教える人生の目的

岩城和平

蓮華舎

装幀
芦澤 泰偉

本文デザイン
明石すみれ
（芦澤泰偉事務所）

校正
（株）アンデパンダン

みこころのままに

はじめに

私自身が自己の完結を得てから、既に二十年以上の月日が経ちますが、この間、いつの日か「本」という形で私の経験と理解を表現したいと考えていました。この願いは、時代の変化と共に自然な流れで成し遂げられることになりました。

一作目はコロナ禍で、二作目は戦争。環境破壊も含め、まさに現代は今までの流れとは異なった時代へと突入しています。これも、すべてはさらなる進化のためであると私は理解していますが、人類にとっては試練のときでもあります。

私からすると、このタイミングで三部作が出版される流れになっていることに大いに納得すると共に、そのすべての必然的な仕組みに感嘆するばかりです。結果としての完璧さは、唯一なる次元を観るものからすれば、あまりにも完璧です。

本作は全三部作の締めくくりとして、もうひとつの重要なテーマである、「目覚めと死」についての解説となります。

すべての人間は、必ず死を迎えます。この三次元世界に存在する限り、それは避けられない結末です。しかし、三次元を超える世界では、我々は死ぬことはなく、死後もなお生き続けます。この「死を超越する」という経験をしない限り、死を免れることはできず、死という現実を受け入れざるを得ません。

科学がいくら進歩しても、医療の進化により寿命が延びたとしても、死という現実は我々に必ず訪れてくるものです。そして、それに付随する老いや病もまた、我々を苦しめる原因のひとつとなります。


過去、これらの苦しみの解決に人類は必死に取り組んできました。仏教も、大本においては、生老病死という四苦から発生しています。現代では、死に対する科学的解釈は進んではいるものの、その進歩と共に、死に対する宗教的な解釈には興味を失いつつある、と私は認識しています。科学が進歩して、死に対する頭での解釈は出来上がってきたとしても、そこに宗教的な解釈が欠けていると、心の平安、または魂の理解を欠いてしまいます。宗教的霊魂観というのは、死に対して必要な理解を与えてくれる唯一の智慧なのです。

人間には、魂と、心と、頭の理解があり、頭の理解が突出しすぎると、心、さらには魂の微細なる働きを抑え込み、繊細なる魂の理解を阻んでしまうのです。そうなってしまうと、せっかく自己の内に答えを内包しながらも、答えを得る機会を逸してしまいます。

科学は頭による理解を与えてはくれますが、心や魂を救うことはできません。そして、死に対して実際に向き合う際に私たちが必要とするのは、頭の理解ではなく、心や魂の理解であり、救済なのです。

しかし同時に、たとえこの微細なる答えに辿り着いたとしても、これらの経験は個人の経験に基づくため、正解がなく、その結果、多くの誤った教えや混乱を招く考えが発生してしまうということもあります。

宗教的な実践によって経験される目覚めの理解や、臨死体験によって明かされる死後の世界に関する教えは、我々に死を超越した世界観を教えてくれます。そして、正しく死を理解するならば、我々は死の恐怖をも克服することができます。

そのためには、自分自身やこの世界、この宇宙に隠されている叡智のコードを読み解く必要があります。答えは至るところに存在しています。そもそも、疑問を持った時点で、答えはその疑問に内包されているのです。

子どもの頃、「宇宙はどこまであるのかな？」とか、「自分とはいったいなんなんだろう？」といった疑問を、誰でも一度は抱いたことがあるはずです。そして、その疑問の中に答えは存在しています。なぜならば、答えがないところに疑問は生じないからです。「私は誰か？」または「私はどこから来たのか？」などといった疑問も、疑問の中に答えの鍵が隠されているのです。

その問いが自己の内において発生することそのものが、探求の始まりであり、答え自体が明らかにされるのを求めているひとつの証なのです。

よって、我々がそれぞれに必要とされる労力を注ぐならば、必然的に答えは明らかになります。そして、目覚めたのちは、あらゆる場所に答えが存在しているのを見ることができます。そして、見渡す限りついには、何を見ても答えにしか見えなくなります。

これこそが人生のゴールであり、自分自身を知ることに繋がると共に、自己の智が人生の謎を解き明かし、死や、さらには人生という問題の解決へと我々を導いてくれるのです。

すべての人間は、その核に魂を宿しています。そして、魂を宿しているということ自体が、答えを内包しているということなのです。火の粉が炎から飛び散るように、我々は絶対者から飛び散った絶対者の分け御魂《みたま》です。本来、本質的に我々は絶対者そのものなのです。しかし、私が「マーヤ」と呼ぶところの「無知」によって、その真理は隠されています。このマーヤという覆いをいかに剝ぎ取るかが、この人生における究極のミッションです。また、その方法は多岐にわたり、人それぞれにその方法は与えられています。何が正解かではなく、一人ひとりの人生の歩みが我々を答えへと導いてくれるのです。

日本という国は見方を変えると、自己の探究をするのに最も適した国であるとも言えます。なぜならば、既存の宗教の縛りがないからです。日本における信仰形態は、神道、仏教、キリスト教が主になりますが、本来宗教とは、教祖、経典、戒律の三つがあることが原則になります。ですから、日本において神道は厳密には宗教ではありません。信仰であると、神職の方々は言います。

また、仏教は本来出家至上主義ですので、日本でも僧侶は戒律を守る必要性がありますが、在家の戒律はほぼないに等しく、我々日本人自体も仏教徒であるという認識を持っている人はごく少数です。

この現状は、信仰という面ではマイナスの働きもありますが、自己の探究という意味ではプラスです。人間にとって信念や思想はマーヤであり、自らの真の体験から来る理解ではないことがほとんどだからです。知識や思い込みというのは、観念なのです。

この国では、我々を拘束する思想はなく、精神的に自由です。ですから、個々における貴重な体験を、既存の宗教と比較したり否定したりする必要性は全くないのです。まさに、自己完結できるのです。

この本で私が表現しようとしていることは、私に起こっていることです。答えは全人類に開かれていても、経験は個々で異なります。ですので、ここで描かれていることは私なりの表現です。皆さんには皆さんの経験があり、それこそが、皆さんがそれぞれ宇宙の中心であることの答えです。真理はひとつでも、真実は人の数だけ存在しています。

この私の本を手に取る機会を持たれた縁ある人にとって、ここでの表現が皆さんの良き導きとなれば幸いです。

今作も、蓮華舎の大津明子さんが質疑応答の部分を担当して、音源からの文字起こしをして完成させてくれました。三作にわたって多大なるエネルギーを注ぎ込んでくれたことに感謝すると共に、この労力が実を結び、多くの縁ある人にこの三部作が届けられることを願っています。

岩城和平

二〇二四年一月十五日

目次

第二部　究極の答え

第一部

目覚めて生きる

I　目覚めの力

1 真の目覚め

私たちは皆、目的と理由をもって、ここに存在しています。しかし、その答えを容易には理解できないため、ほとんどの人は自分の人生における理解を欠いたまま、一生を終えていきます。どのような人生を送ろうとも、人間一人ひとりの人生には価値があるものです。

ただし、この価値を理解できるかできないかは、個々の認識能力にかかっており、自らの人生を価値あるものと理解できるかどうかで、自己における人生の意味合いは大きく変わってくるのです。

その認識の最終到達地点である目覚め。悟りとも表現される真の目覚めは、すべての人が生まれながらにして持っている魂の本性です。このことを認識できるならば、どのような人生を送ったとしても、本人にとって人生は何よりも得難い経験となるのです。

悟りとは、皆さんも知っての通り、究極的な理解を得ることです。「かつてお釈迦《しゃか》様が悟られた」というようなフレーズは、日本人ならば、ほとんどの人が一度は触れたことのある話だと思います。しかし、それがいったいどういうことなのかというと、ほとんどの人は理解していません。

本書のテーマは「目覚め・悟り」ということになってきますので、この辺りの解説をじっくりとしていきたいと思います。

悟り

悟りとは、「わかる」ことです。何をわかるのかというと、それは自分自身のことです。自己の完結、つまり、自分とは何者なのか、この人生とはいったいなんなのか、これらのことが明らかになるのが悟りということになります。しかし、その実態は悟ってみないとわからないのです。それは頭での理解をはるかに超えているからです。

我々は、この三次元という時間の縛りのある次元に存在しています。時間が存在することで、因果の法則がすべてを支配しています。原因と結果の繰り返しです。しかし、悟りは因果とは無縁です。時間の法則とは無関係なのです。ですので、我々の理解、特に思考は時間の中に存在するものなので、時間に縛られている限り、悟りを理解することはできません。

時間の中にいる我々は、時の流れに則って思考を働かせます。頭の中で、もしくは口にして「ありがとう」と言うとき、そこには言い始めから言い終わりまでに時間がかかります。思考は時間から逃れることができません。この「時間に縛られた思考」が、悟りという時間を超越したものを理解することは不可能なのです。

しかし、たとえ悟りそのものを表現することはできなくても、悟りを取り巻くものを説明することはできます。悟りそのものではなく、その外輪を探ることで、悟りがなんなのかということを直感的に知ることができるのです。

では、悟りとはどのようなものなのでしょうか。

まず、悟りは自分の外にあって、やってくるものではありません。つまり、成就、達成、到達とは無縁のものです。

それははじめから在るものです。なぜならば、もし、悟りが得られるものならば、それが「なくなる」ということがあり得るからです。例えば、例外はあるにせよ、霊感などはほとんどが与えられるものです。よって、与えられた霊感はいつか失われる可能性があります。また、その可能性ゆえに、霊感のある人はそれが失われることを不安に思う、ということが起こり得るのです。

しかし、悟りは全くの別物です。それはなくならないのです。なぜならば、悟りという真理は、真理ゆえに永遠だからです。この時空が存在する世界は創られたので、いつか滅びる運命にあります。この世界のものは、この法則から逃れることができません。しかし、悟りは真理を基としており、真理とは時空なく、永遠不滅の状態を指しています。ゆえに、その真理を知る智慧である悟りが、「やってくる」というのはおかしな話になるのです。

悟りは既に存在しています。ただ、我々の意識がマーヤ（真理が覆い隠された状態。詳細は『母の力』を参照）であるために、それが既に在るにもかかわらず、開かれないだけなのです。

これが「悟りを開く」という意味です。よって、悟りは明らかにされる、開かれる、などの、表現になるのです。しかし、悟りが明らかにならないと、そもそもこの意味を理解することができません。いまだ悟っていないからです。

悟りの観念の中で「そもそも悟りが存在しない」という考え方もあります。この理由は、さきほども書いた通り、得たり起こったりするものは、なくなるという性質を有しており、なくなるものならば、究極の答えとはならなくなってしまうからです。

これは、天気によく似ています。曇りには雲という実態があり、雨には雨という実態がありますが、晴れとは空の本来の状態を指しており、なんの実態もありません。これを我々の意識にあてはめると、悟りといわれる状態とは、晴れた空の状態です。すなわち、神が在り、意識が晴れ渡っている状態といえます。我々にとって悟りとは、単に意識の本来的で本質的な状態を指しているということです。

晴れが続くとことさら晴れを望みませんが、曇りや雨の日が続くと晴れを望むように、悟りがない状態が続くと悟りを求める、というのが人間の心理なのです。

私の経験からすると、悟りとは、自分の慣れ親しんだ自我意識が変容するということではなく、自我意識の背後に元から横たわっている、あるがままの意識の状態を指しています。悟りという「何か」があるのではなく、何もない状態を指して悟りと表現されるのです。

悟りがあるのではありません。しかし、悟りがない人生を生きていると、悟りという状態を必要とする、という矛盾が生じます。悟ることによって、悟りがないとはじめて理解されるという不可思議な現象なのです。

よって、悟りという自己の実現が成されている者にとって悟りはなく、いまだ自己の実現に至っていない者にとっては悟りはあるのです。これが、「悟りがない」と言われる理由です。

また、当然のことながら、悟りという認識が起こる過程では、ある種の意識の変容を伴います。

さきほどの天気にたとえるならば、本当の青空は台風などの荒天の後に見られることがしばしばあります。これと同じように、意識の変容とは、台風のようなものです。マーヤという雲や汚染された大気を吹き飛ばすには、台風のような強力な力を必要とします。意識の変容という大きな力をもって、意識に覆い被さるマーヤを吹き飛ばすことで、本来のあるがままの意識がはっきりと明確に現れてくるのです。

しかし、これらの意識の変容という体験は、意識が変容するという経験をする「私」がある限り、時間が経つと元に戻ってしまいます。つまり、「神秘体験を経験した」という経験値が残るということになります。この経験値は認識を変化させ、徐々に、あるいは一瞬で、私たちの意識を自我的なものから、超越的なものへと変化させます。

神の意識の体験

私の経験では、まずは、悟りというよりも神の体験から起こりました。

今まで経験した神秘体験では、「私」がありつつ、その私が五感を通してそれを体験するという現象でした。それに対して神の体験は、瞬時に完璧なる意識が私の意識野にテレポーテーションしてきたかのように出現したのです。もちろん、私の意識も残したまま、それを客観的に観ているのです。その神の意識状態は完璧で、すべてを理解していたというよりも、すべてを行っていました。これを私の意識は観察しているのですが、それは同時に私に存在する意識でもあったのです。「自分の頭脳が神になった」という理解が客観的に理解されていました。

神の意識が私の意識に入り込んでくるというこの体験は、神という私とは別の意識が、私という意識を私の意識野から完全に押しのけてしまいます。さらに、それを客観視している私は、この圧倒的なまでの力を前にして、なすすべがありません。同時に、この私も含めて、宇宙を完全に支配しているのは、この神というお方なのだと、魂レベルで理解します。

ひとたびその意識が入り込んでくると、私という意識野で、私と目覚めた意識体が私の意識を共有することになります。

これは、目覚める以前には想像もし得なかった現象であり、かつて聞いたこともない話でした。

その意識存在は、私に自らの意識状態を見せびらかしているかのように、あらゆる世界の観え方を私に開示しました。宇宙の仕組み、世界の仕組み、人間存在、それらをその意識状態から観ると、すべてが完璧で、この全宇宙どこをとっても、不完全さとは無縁でした。この宇宙で不完全なのは、唯一マーヤに侵された人間の意識だけです。しかし、その人間の意識ですらも、神の完璧さの下では、計算されているものなのです。

今までの私の人生で起こった出来事や、その中で悩み苦しんだこと、それらがすべて神の内では必然であり、完璧なことだったのです。そして、それらのすべてが、今のこの瞬間のために存在していたことを理解します。

圧倒的なまでのその存在と理解は、私を凌駕《りょうが》し、さらにすべての人類にまで広がっていきます。すべてが、神の内で起こっていることだったのです。人間の無知が引き起こしているさまざまな出来事も、人間がやがて辿り着くゴールへの過程であり、人間にとって必要な経験なのです。私はこれをして「みこころ」と表現します。

神を通して観る世界は、完璧で、そして愛に満ちていました。

そして、このプロセスが展開する中、私は自己の本質、宇宙のあらゆる仕組みを悟っていったのです。

悟るとは、疑問が一切生じない完璧なる理解に到達することです。しかし、この理解は自分の頭脳によって引き起こされることはまずありません。これは恩寵によるのです。

自分の頭脳が悟るのではなく、恩寵によって頭脳の領域が引き上げられるのです。自分からそこに行くことはできません。あくまでも、なんらかの恩寵を必要とするのです。

これらのことから、私の中では、まず恩寵があり、それにインスパイアされた意識が覚醒し、その覚醒した意識があらゆることを理解していくことで、辿り着くところが悟りだと認識されています。覚醒なくして悟ることはないと考えられます。

しかし、これは神がやることなので、神に不可能はありません。ベビーベッドの中の赤ちゃんを悟らせることも、死に際の老人を悟らせることも、高所作業中の人を悟らせることも、ドライバーを悟らせることも、なんでも可能です。ですから、言い切ることはできません。時代が変われば神の教えも変わります。

目覚めと宇宙のバランス

目覚めた意識体、すなわち神は、圧倒的な存在感に満ちています。観念とはかけ離れた実在です。

しかし、この時点で注意しなければならないのは、この目覚めた意識をもたらす者が神とは限らないということです。特に、魔という存在はレベルが高ければ高いほど、神と変わらないような力を持っています。これは普通、我々ごときが太刀打ちできるような存在ではありません。魔の力によって目覚める、ということは十分に考えられるのです。

しかし、目覚めた側の我々からすれば、その目覚めが神によるのか魔によるのかを、認識の力を借りて精査することができます。唯一なのか唯一でないのか。または、愛があるのかないのか。もしくは利他的か利己的かなど、神の性質と、そうでないものとの識別ができます。これらの、私が「マーヤ解き」と呼ぶ自己観察を通して、自分の状態を詳しく観察していくことが大切です。

その目覚めが正真正銘の神によるものだったとしても、魔は常に我々の意識に入り込む瞬間を虎視眈々と狙っているので、いつでも攻撃される可能性はあります。

これは宇宙の必然であり、必ず「バランスを取る」という法則が働いているのです。神だけが常に在る、という状態はあり得ません。ときに、我々は魔に入られ振り回されます。魔に入られたのなら、それを認識の力で解かなくてはなりません。解ければ神の至福に満たされます。こういったことを、繰り返し経験するのです。

ひとりの人間が目覚めるというのは、現時点での三次元世界においては、大変アンバランスな出来事です。ゆえに、魔の影響を受けて、目覚めた意識が無明《むみょう》に下降するという現象が起こることで、宇宙全体はバランスを取ります。

また、目覚めは、覚醒のように意識が目覚めるという部分と、真理というものを理解するという局面が存在しています。

覚醒という段階では、いまだ理解は生じません。ただ、意識が目覚めるのです。この意識の目覚めは、知覚の領域の拡大や意識の明晰さ、五感や六感などの感覚の発達などのように、理解ではなく人間本来が持つ感覚が目覚めてくるという現象です。もちろん、これらのなかには「気づき」と表現される、部分的な理解を得ることはあります。しかし、真の目覚めは、悟りと言われるように、真理の理解が起こるのです。これをたとえるならば、覚醒とは生まれることであり、悟りとは死ぬことであると表現できます。

神も魔も覚醒を与えることはできます。しかし、魔に悟りを与えることはできません。なぜならば、悟りは魔を魔として看破してしまうからです。覚醒を与えつつ、悟りに至らせない。これが魔の常套《じょうとう》手段です。覚醒と悟りというのは似たような表現ですが、これほどまでに意味合いが違ってくるのです。

真の目覚め、悟りとは、神・みこころ・自己・魔・マーヤなどのさまざまな叡智が盛り込まれた理解なのです。

悟りの階梯《かいてい》

私の場合は、臨死体験のような中途半端な体験からすべてが始まっていますが、その後二十歳の頃に二度ほど、時空に関する明確な理解を体験しました。しかし、この時点では、疑問がすべてなくなるという意識には到達していません。

その後長い年月を経て、三十五歳のときに、神、みこころ、自己の本質、そして、「母」の体験に至って、完璧な疑問のない境地に辿り着きました。

禅の世界で大悟十八度という言葉があるように、悟りには段階があると考えられています。私自身も修行中に、何度か悟りのような体験を経験しました。しかし、これらの体験では、いまだ、主観である「私」が消滅することはなく、疑問の残る状態でした。これが完成ではないという認識が明確にあり、まだまだわかるべきことがあると、はっきりわかっていました。

しかし、神の意識の体験は他の神秘体験とは圧倒的に異なる点がありました。それは、この経験が、脳が直接宇宙に張り巡らされた叡智のネットワークに繋がるところです。自己を超えて、宇宙というひとつの感覚に自分自身が変成する感覚は、あまりにも圧倒的です。

このような経験を何度も繰り返しながら、最終的に疑問がなくなる境地に到達するのです。これは段階的に訪れたものですが、あくまでも、これは私の体験であって、全人類が同じ経験によって同じ理解を得るとは思っていません。なぜならば、そこには人間それぞれにプログラムが存在するからです。


ひと言で悟りを表現することは難しいのですが、目の前にあるものを見たときに、それが、なぜここに今存在しているのかを理解できる。つまり、すべてに対して疑問がない状態を以て、悟りということができます。これは、霊的な話ではありません。例外的に、見えない世界のことや、未来のことがわかる人もいますが、基本的には、悟りとはこれらの能力とは一切無関係です。それどころか、これらのマーヤ的な能力は悟りの障害にすらなります。

インド発祥の宗教では、悟りという観念がとても重要で、さらにその段階についてもさまざま述べられていますが、これらも観念として捉える限りマーヤです。修道者にとって、悟りを目指すことは必要であっても、その過程はさらなるマーヤを生み出します。カオスゆえに仕方のない仕組みなのです。インドの諸宗教が捉える悟りの段階という定義もマーヤであり、これに捉われる必要は一切ありません。私はこれらを「インドマーヤ」と呼びますが、インド哲学と表現されるように、論理性という観念は単に頭の納得なので、悟りとはかけ離れています。重要なのは、自分に何が起こり、何が起こらないのか、なのです。起こらないことを望むのは無謀な欲求です。自分に起こることだけが自分にとっての真実なのです。

しかし、実際に起こる悟りのプロセスは、段階的に進化していきます。悟りのタイプは大まかに分けると、一瞬で悟る頓悟《とんご》、また、段階的に悟っていく漸悟《ぜんご》の二種類があると考えられています。

頓悟は一撃で悟るものですが、それでも、のちにアップデートのようなものは起こり、悟りの意識は進化し続けます。

漸悟はもとから段階的ですので、学びの深まりと、人生経験の蓄積が、その都度意識をインスパイアします。

ですが、これらは人それぞれに神がプログラムした計画に基づいて展開していくものなので、何ひとつ、私たちの望み通りにはなりません。ただ私たちにできることは、マーヤ的な観念を取り除き、自分に起こる真実のみを受け取るということです。

私が観察するところでは、覚醒という目覚めの経験からすべては始まります。しかし、この段階はほんの始まりです。人間は目が醒めなければ一日が始まらないように、このような覚醒が起こらなければ、魂の世界ではいつまでも眠ったままの状態です。こうして目が覚めるとさまざまな経験が起こり始め、そのなかで理解は段階的に起こり、そして最終的に悟りという完全なる体験が起こるのです。


悟りとは最終的な自己の理解なので、この上はありません。もちろん、宇宙や神の理解もこの経験に含まれますが、これらのすべてに対して疑問が消失する状態を以て、悟りと表現されます。その過程で経験される覚醒などのプロセスは、ここに至るための準備と言えます。覚醒によって意識が目覚め、目覚めた意識が認識活動を行い、そしてその認識活動は理解を生み出します。今まで、漠然と見ていた自己や世界を、本質的な観方で捉えることができます。こうした経験を積み重ねて、すべてに対して疑問のない境地に到達すると、ついに探求は終わりを迎えるのです。

私の場合、この地点に到達したとき、ある言葉が明確に浮かび上がりました。

「終わった。やっと終わった。ついにすべてが終わった」

生まれてから始まった格闘が、ついに終焉《しゅうえん》した瞬間でした。

2 現代への福音

因果の超越

我々の世界は、原因と結果がひたすら繰り返される因果の世界です。私たちは行為をし、その行為に伴った結果を得ます。そしてまた、その結果を原因として、さらなる因果が展開します。これは、この世界の宿命であり、何人たりとも、この因果から逃れることはできません。

そしてさらには、その結果に対して善悪、好悪の結論を導き出し、我々は思い通りにならない現実を生きることになります。

しかし、これらはすべてマーヤに捉われた観念なのです。「思い通りにならない」という思いを手放さなければならないのかもしれません。もしくは、「思い通りに」という観念そのものを放棄しなければならないのかもしれません。いずれにせよ、重くのしかかったマーヤは、我々が正しい理解を得ることを阻《はば》みます。

しかし、目覚めるとどうなるのでしょう。

目覚めの瞬間、すべては「この瞬間」のために存在していたのだと悟ります。目覚めによって起こる悟りとはすべての結果であり、過去に起こったあらゆる現象は、ここへ自分を導くための原因だったのだと理解します。同時に、すべての過去の現象はこの悟りを原因としていたのだと悟ります。つまり悟りとは、結果でありつつも原因である、と理解されるのです。

原因と結果が悟りという一点から生じているのだという理解は、さらなる結論を私たちに開示します。それは、実は原因と結果は「ない」という結論です。そして、原因と結果が「ない」ということは、時間が「ない」というさらなる結論に繋がってくるのです。なぜならば、三次元的時間観念の認識は、物事が移ろうということによって把握されるからです。つまり、因果の展開こそが時間の表れであり、因果は時間そのものであるとも言えるのです。

神意識ともいえる目覚めた意識が自分の意識に入ってくる瞬間、この理解がはじめから自分の中に存在していたかのように、瞬間的に理解されます。因果もなく、時間もない世界。それが知るべき答えであったと理解します。

しかし、然るのち、我々は現実に戻ってきます。意識の感覚が肉体に戻ると、肉体は因果の世界に存在しているので、再び因果というマーヤが展開します。しかし、意識は因果が「ない」という結論を、視覚的に事物が見えているかのように理解しているので、そのマーヤに捉われなくなります。

因果の法則は機能しているので、私たちは、その法則上で行為をすることになりますが、目覚めた人は、悟りの瞬間がすべての原因であり結果であると理解しているので、悟りを原因とした行為が行われるようになるのです。

その結果がブッダならば仏教を興すことになり、キリストならキリスト教を興すことになります。また、隠者となって人里離れて暮らすかもしれませんし、都会の中で暮らすかもしれません。

覚者とて、肉体存在として生きる限り、時間・因果の法則に支配されます。ただし、すべてがプログラムであると理解しているので、行為のあり方そのものが変化するのです。

認識

認識は、あらゆるすべての問題を解決する最強のアイテムです。お祓い、ご祈祷、徳積みなど、解決のためにする行為は必要なくなります。ただし、認識が最強であるということをわかっていなければ、最強ではなくなります。

では、どうしたら認識を最強にできるのでしょうか。

まず、認識がすべてを解決するということを知っていることがポイントになります。これは知る力であり、ブッディ（認識力）と呼ばれるものの力です。

そのためには「唯一にして絶対なる神が存在し、その神がすべてをなしている」という認識を明確にしなければなりません。もちろん、経験がそれを裏づけることになりますので、神の体験は必須です。しかし、そうでなくても、神の在る日常を送ることで、その絶対性を理解していくことです。

こうして、起こる出来事には意味があり、すべては神のみこころなのだと観念することで、出来事はより完全になります。

例えば、我々の多くはトラブルが起こらない限り、現実をぼんやりと生きています。トラブルが起こり「なんとかしなければ！」という精神状態になってはじめて、現実を直視します。ですので、普段はぼんやりとしていて、現実の意味をほとんど理解していないのです。この中途半端な現実の捉え方が、マーヤに溺れている状態なのです。現実を見据え、その意味を考えるならば、現実における認識力は力を付けてきます。そして、この認識力は現象を見抜く力となり、自分自身の認識力に自信を持つようになってきます。

ここまでは神がなくてもできます。さらにここで、「神がなす」という認識がプラスされると、神という絶対的な存在が前提となるので、認識力はよりはっきりとしてきます。

神が存在し、神がすべてをなし、我々も神の部分であり、この出来事の一部である。それを認識している私は神によって認識されているのだから、神の完全性において、私は理解するべきことを理解する。このような前提を基にした認識力が持つ力は、あらゆるマーヤや魔、みこころを看破します。この肯定感のパーセンテージが上がれば上がるほど、認識力は精緻になってくるのです。

目覚めが人類にもたらすもの

人類は進化し続けていますが、究極の進化とは、脳の進化です。現代のように進化した世界は、脳の進化によってもたらされています。

ほとんどの人がスマートフォンを操り、インターネットに繋がるまでに人類は進化してきました。これからも、さらなる進化が起こっていくことは間違いありません。

しかし、そのなかでも最高の進化と言われるものがあるとするならば、人類が目覚めの意識を獲得することだと私は考えます。かつての時代では、この世俗と悟りは相容れないものとして認識されてきましたが、それは、進化の過程で世俗が中途半端だったからだと考えられます。

現代のように、高度なコンピュータの世界は、悟りの世界によく似ています。私は、悟りというものを理解しやすくするために、神によってコンピュータが人類に与えられたと考えています。コンピュータの世界観は、人類の進化のスタイルによく似ています。

例えば、ダウンロードとインストールを繰り返し行っていると、この作業は当たり前になります。そうすると、神から我々個の意識にデータがダウンロードされるとか、インストールされるといったことを納得しやすくなります。私はコンピュータに関して強い方ではありませんが、自分に起こっている仕組みがあてはめられる事象が多いので、驚きを感じています。

かつての人間は無知でした。現代人の一日の情報量は、平安時代の人の一生分とも言われています。それだけの情報を処理できるまでに人類は進化してきました。この現代人にとって獲得された経験値は、良識をもたらしています。この良識を持ち合わせない人たちは、いまだ進化の途上です。

かつての良識を持ち合わせない人類にとって、必要な教えは良識を養うことでした。ゆえに、過去の宗教の教えのポイントは、良識を養うということに置かれていました。

しかし、現代人は宗教を信仰してなくても、良識を持ち合わせています。ここまで進化した人間にとって、もはや戒律を重んじた良識を養う宗教は不要だということです。それよりも、現代において必要とされる教えは、一人ひとりの目覚めに重きが置かれているものと私は考えます。

悟りや自己の完結を通して、自己の内に存在する真の叡智に辿り着くことが、現代人に与えられた教えだと私は理解しています。

宗教という小さな枠を超えて、人間存在の本質に迫る教えこそが、神の現代への福音であり、神を恐れ、恐怖によって行動を規制することはマーヤ以外の何ものでもありません。

神の存在は人間の想像をはるかに超えています。私も経験によって理解した神は、かつて想像し得ないものでした。これは当たり前です。いかなる思考によっても神を理解することはできないのです。それは圧倒的であり、見えたり聞こえたりするものでも、感じたり触ったりできるものでもありません。神は神にならなければ理解できないのです。神の意識が自分の意識に触れることで、神を通してすべてを観ることができます。こうしてはじめて、我々は神を理解できるのです。

この宇宙が存在し、この世界が存在し、私たちが存在する。確かに、すべてが共存し、お互いがお互いを支え合って、この世界は存続しています。しかし、「私が存在する」という事実は、あくまでも私自身にとってなのです。その意味では、私が宇宙の中心であると言えます。私の代わりを生きてくれる人は誰もいません。私にとってその世界とは、私を中心に回っており、私がなくなれば世界もなくなります。私在ってこその宇宙です。

ゆえに答えは私の中にしか存在しません。他者との比較も無用ですし、答えが外に在るわけでもありません。あくまでも答えは自己の中においてのみ存在するのです。

スーフィーの教え

私は自分自身の体験を通して、私が求めていた結論に到達しました。その際にさまざまな過去の教えを振り返りましたが、この意識状態にぴったりあてはまるものは、スーフィーの教えでした。これには大変驚きました。

修行中はアジアにいましたので、イスラム教についての認識は強くありましたが、それでも、修道とは関係のない教えとして認識していましたので、イスラム教について深く考えたことはありませんでした。

しかし、スーフィーのマスターたちの経験や言葉の数々が、実際自分が経験した感覚にぴったりと来るのです。余計なマーヤがなく、神をダイレクトに表現するその有り様は、完璧です。

私は若い時からインドかぶれでしたので、インドの宗教やチベット仏教のマーヤ的な部分を取り込みすぎていました。それに対して、スーフィーは信仰一筋で神に到達していく、至ってシンプルな手法です。イスラム教自体は戒律でがんじがらめですが、スーフィーの自由度は圧巻です。

こんな話があります。

あるとき、インドのヨーギーが、ある高名なスーフィーの話を風の噂に聞き、トルコまで、やってきました。なんでも、魚が彼を救ったというのです。魚に助けられるということは、彼には生き物と話す能力があるのかと、ヨーギーはそのスーフィーに弟子入りし、常に彼に付いてまわり、彼の仕事を観察していました。彼が日常の労働をしている傍らで瞑想の姿勢で座り、瞑想を続けていました。何日もそうやって過ごすうちに、ヨーギーはスーフィーについに質問をしました。

「師は魚によって助けられたという噂を聞きました。どのように救われたのですか？　魚が喋ったのですか？」

すると、スーフィーは、「ああ、それか。あの頃は食べ物がなくて飢えとってな。その一匹の魚を食べたことで、三日間命を存《なが》えたもんだ」と、答えました。ヨーギーは「えっ？　食べた？」もはや大混乱です。

ストーリーはこれだけですが、この話が物語る真実は、実に風刺的で面白く感じます。ヨーガなどの修行をすると、何か意味ありげに瞑想をしたりするものですが、瞑想をするということをわかってやっているのではないのです。インドで修行する人間は、インド的なマーヤに陥ってしまうのです。


次のような話もあります。

ある男が散歩していると、くだんのスーフィーが何やら探し物をしています。何を探しているのかと尋ねると、鍵をなくしたというのです。それは困ったと、男も探すのを手伝うために、男はスーフィーにどこで鍵をなくしたのかと尋ねます。するとスーフィーは、「家の中でなくしたんだが、家の中は暗くて見つけられないもんで、明るい外をこうして探しているわけだ」と、答えました。

男は呆れて「なくしたものはなくした場所で探さないと見つからないだろ！」と言うのですが、このスーフィーは、この話を通して、以下のように語ります。

「人間自らを見失ったのは、自分においてだ。にもかかわらず、聖地だのバグダッドだのに自分探しに行きたがる。そんな場所で失った自分を見つけることはできない。探すべきは自分においてなのだ」と。

我々は自分を見失っているのです。しかし、その自分を見失ったのは私自身なのだから、私を探究しなければならない。何か他に手段があるのではない、ということなのです。これらの発想は素晴らしく、実にマーヤを欺《あざむ》いています。


このように、スーフィーは異なった視点から物事を見ていますが、インドのようにやや偏った神秘主義的なものでもなく、また、物質主義の見方でもなく、そのバランスがちょうど良いのです。

ただし、スーフィーはイスラム教の世界では御法度《ごはっと》の部分もあるので、過去スーフィーたちは相当困難な時代を乗り越えてきました。神の経験を通してわかってしまった内容で、イスラム聖法と一致しない部分がたくさんあったからです。

しかし、イスラム教や他のすべての宗教にも共通することですが、他の教えに腹を立てるというのは、自分の信じる宗教の意味をも理解していない、ということになります。人間は皆違う生き物です。考えが違えば、信念も違います。教えとは、それぞれの人に合わせて存在するものです。ですので、他宗教に怒るというのは、宗教の意味そのものを理解していないことになります。人には、それぞれの宗教があって然るべきなのです。他の宗教に対して怒るというのは、自分の宗教を侮辱するのと同じことです。

私から見れば、どの宗教も、教えが異なっていても、それらが間違っているわけではなく、ただ、それぞれの宗教や教えは、それが発生する経緯があり、そこには神の綿密なる計画が存在しているのです。さらに、それらの教えに追従する人々も、それぞれに個性があり、導かれるべくして、導かれます。何が正しくて何が間違っているかではなく、どの教えに自分が導かれるのかということが、起こるべくして起こる結論です。

II　悟りと死

1 死に対する理解

父の死

「和平の言っていた通り、神がいる」

それが、私たち親子が交わした最後の会話でした。

誰もいない静寂に満ちた夜の病棟は、時間が止まっているかのような静けさと、じんわりと広がる平安が支配していました。唯一、隣の病室から聞こえてくる心電図のモニター音だけが、時の経過を物語っていました。

私は父が横たわるベッドの脇で涙しながらたたずんでいました。しかしそれは、悲しみによるものではなく、神への感謝に対してでした。

その日、私はいつものように父の入院している病院を訪れましたが、この日は午前中に、父親の次の受け入れ先を探すために、伊豆半島の下田にある、看取り専門の病院の下見をしてきました。そこには多くの老人が死期を待つ悲しい雰囲気に満ちており、さすがにここには父親を入れたくないなと感じ、私はどうするべきか考えあぐねていました。秋晴れの空と海は碧く輝き、その美しさを前にして考えることは無意味に感じられ、自らを明け渡して神のみこころに委ねることにしました。

病室の父親は、喋るにも声にも生気がなく、さすがに弱っているなと感じられました。途中、担当医から「今夜泊まりますか？」と聞かれました。医師によると、間違いなく今夜が山だと言うのです。私はいまだ半信半疑でしたが、なんとも形容し難い気持ちで、ベッドの傍に座っていました。

父は時折、頭の上の空間をキョロキョロと見ています。「何か見えるの？」そう尋ねると、私を見て、目を大きく見開きながら、嬉しそうに頷《うなず》きます。私は、もしやと思い「神様が見える？」と聞きました。するど、父親は出ない声を振り絞り、「和平の言った通り、神がいる」、そう答えました。

私は驚くと同時に、神の吸引力を全霊で感じ取りました。予想もしていなかった出来事に、何が起こっているのか、父が何をどのように認識しているのかを確認したかったのですが、既に喋ることが困難な状態になり、父は無自覚の状態に陥りました。

言葉を発さなくなり、僅かに笑みを湛《たた》えたその至福に満ちた寝顔は、いまだ、肉体はこの世界に止まっていながらも、魂は既に神の世界に在り、神の祝福に浴している状態のようでした。

その後、病室は光に満ち、神の降臨を私は確信しました。

このとき私は、神への感謝で、泣きました。まさか、父を通してこのような感謝が神に対して湧き上がるとは想像もしていませんでした。


信仰とは無縁の人生を送ってきた唯物論者の父が、今ベッドに横たわりながら、神の世界にいる。これほど感動的な瞬間を父が私に与えてくれるとは思ってもいませんでした。そして私は確信しました。多くを求めず、良心に従って生きる人は皆、必ず神によって導かれるのだと。

生きている間に神を見出さなければならない私のような人間は、そのようなみこころが働いていますが、愛を基とした人生を送るならば、最終的には誰もが神の元に導かれるということの結論は、私にさらなる教訓を与えてくれました。

死というものがこれほどまでに美しく、愛に満ちたものであるという真実を父が見せてくれたのです。

この前年に母が突然他界しており、死に際に立ち会うことができなかったため、私としてはこの必然に納得しきれていないところが多少ありました。しかし、この父の最期は、あまりにも全てが完璧であり、必然性の完璧さを再認識させられました。

この日は秋晴れの空が澄み渡り、その空と海の美しさは、父の魂が喜びに満たされているのだと、私に教えてくれているようでした。

人間の誰しもが必ず最終的に到達する、このゴール。この死というゴールから逃れる人は、ただのひとりもいません。この避けて通れない死は、我々にとっては終わりを意味します。しかし、向こう側の魂たちからすれば始まりです。

このように考えれば、死とはすなわち帰郷なのです。死を恐れることなく、かつ、この生という賜りものを大切に生き、あらゆる物事に対して感謝をするならば、我々は必ず神の元へと還っていくことができるのです。

人生でどのような罪を犯したか、常識人であったかなどの自己評価はどうでもよいことです。自分を評価するのではなく、常に愛をもってすべてと向き合い、感謝の心と共にあるならば、修行の必要性はありません。我々が人生において経験しなければならないことは、愛することです。そして愛されることです。それ以外に必要なものは何もありません。

すべては神の愛の中で起こっているることなのです。なすべきことはこの自分を受け入れ、神に対して自らを明け渡すことのみです。


私の父はその後八時間近くをベッドの上で無感覚の状態で過ごしていました。家族がやってくると一瞬反応はするものの、すぐに元の至福の状態に戻りました。

この間は、多分、神の愛を通して自分の人生を振り返り、あらゆる出会いや出来事に感謝していたのだと思います。自分の人生が完璧だったと理解したのだろうと思います。

そして夜もふけた頃、「もう頑張らなくていいからね」と声をかけると、息が一瞬止まりました。これによって家族が病室に呼ばれると、皆で「ありがとうね」と、声をかけました。もはや体は動かすことができないため、眉間だけを動かし、我々に最期の返事をすると、大きく息を吐き、その息と共に父の魂は肉体から出ていきました。

これが私の父の最期でした。

自我の死

私がまだ二十歳の頃、あるヒマラヤの村で暮らしていました。日がな一日、日当たりの良いバルコニーに座り、マントラを唱えながらただひたすら何もしないことをしていました。

「しないことをする」とは、何もしていないことを自覚的に過ごすことです。人間は何かしていても、何もしていなくても、無自覚で過ごすことが多く、この無自覚という意識状態が、認識と客観性を台無しにしてしまうのです。行為をするかしないかは問題ではありません。常に自分に対して自覚的であるかどうかが問題なのです。ただマントラを唱えながら、ぼんやり過ごすのではなく、すべてを自覚的に観察する実践を行っていたのです。

バルコニーの前には、ヒマラヤの雪解け水が轟音《ごうおん》と共に怒涛のごとく流れ、見上げる空にはランタンヒマラヤの勇姿が聳《そび》え立っていました。ここでの日常は瞑想的でありつつも劇的でした。今思い出しても、過去世の出来事であるかのように現実とかけ離れていました。

私は村長の家にお世話になっていましたが、そこには、ベッドから動けないお爺さんがいました。お爺さんはベッドに座り、数珠を繰りながら、一日中お経を口ずさんでいました。ワンルームの中にキッチンもベッドもすべて置いてある、この辺りにはよくある間取りの家です。私は二階に滞在していましたので、ご飯の時間になると、外階段を使って、一階まで降りていくのです。

私が部屋に入ると、お爺さんはいつでもにっこりと笑い、その目からは慈愛が溢れていました。会話をすることはありませんでしたが、いつでもニコニコしているその笑顔からは、既に恐れのない境地に到達していることが明白に見て取れました。

その後しばらくしてお爺さんは他界したのですが、ここに悲しむという要素は微塵もありませんでした。

決然とした姿勢で死に向き合い、堂々と死を迎えるならば、誰も悲しむ者はいないのだと、私はこのお爺さんから教えられました。しかし、このような死を迎えられるのは、人生や死についての洞察から来る、深い理解と実践がなければ不可能です。

チベット人は僧俗問わず、仏教の実践をするのが当たり前です。信仰を持ち、自らに正しく向き合うチベット人だからこそ、最期に見せられる勇姿なのだと私は理解しています。

死とは、宗教が取り上げる大きなテーマのひとつです。宗教を信じ、学ぶことで、死についての知識を得ることが大切なのですが、残念ながら、ほとんどの宗教が説く死自体、的外れなものも多く存在しています。

どうすれば、私たちもまた、このような決然とした態度で死に向き合うことができるのでしょうか。そのためには死を超越しなければなりません。つまり、本当の死を迎える前に、もうひとつの死を経験するしかないのです。

人生には、ふたつのゴールが存在していると昔から考えられています。ひとつ目は自我の死、ふたつ目が肉体の死です。

このうち、ふたつ目の肉体の死は、すべての人が等しく経験することですが、ひとつ目の自我の死はすべての人に起こるわけではありません。しかし、この自我の死こそが、死に対して正しい認識を与えてくれるのです。

私も自我の死を経験する直前に、死の恐怖というものを確かに経験しました。そしてこの経験は、神の意識が自己の内に目覚めるという、新たなる意識状態を私にもたらしたのです。

この経験を通して、昔からこれらの経験が死になぞらえて表現されてきたことに納得しました。自分のアイデンティティが消失する恐怖のようなものは、直感的に感じ取るものなのです。

しかしながら、実際の経験では自我の消失は起こらず、自我と神は私の意識下で共存する形になったのです。

この経験を通して私が理解したのは、自己の実現と、厳しく過酷な修行というものが実は交わることはなく、並行するものなのだということです。修行経験は確かに、自己の在り方を無欲の方へと導きます。自分という存在が極限まで研ぎ澄まされていくと、私欲を超えた境地に到達していきます。

しかし、目覚めはこれらの修行とは関係なく、起こる人には起こるもので、これは恩寵によるものなのです。神自身が決めることなので、修行者なのか、そうでないかは関係ありませんし、その人物の私欲とも無縁です。しかし、修行を通してこの状態に達した人間は、人格者であるかもしれません。その方が、導師としては望ましいと言えます。

寿命というのも、定まっています。人間はいつどこでどのようにして死ぬか。これはすべて定められていることです。早死にとか長生きといったものはありません。すべての人は定めを全うするのです。

私の母がまだ四十代の頃、下北沢で芝居の稽古を終えて家路を急いでいると、突然見知らぬ占い師に声をかけられ「あんた、七十七歳で死ぬよ」と言われたそうです。突然そのようなことを言われた母は、その場は無視してやり過ごしましたが、家に帰ってきてから、随分と怒っていました。

そして月日は流れ、七十七歳になった母はこの話を思い出し、「今年は死なそうだね」と冗談を言っていましたが、なんとその年の三月に突然他界してしまいました。我々家族は、母のこの突然の死に皆哀しみましたが、その昔に占い師からこのように声をかけられたという事実が、避けられぬ必然性を物語っており、その死を受け入れることへと繋がっていきました。三十年以上も前に予知され、その通りになるという、なんという神の計画でしょうか。私はすべてを納得すると共に、神の慈悲を感じました。随分と昔の話だったので私はすっかり忘れていたのですが、母が生前に念を押すようにこの話を再びしてくれたということにも、みこころを感じます。

父は死の直前に神の体験を私に示してくれ、母は死というものが必ず起こるべきときに起こるということを示してくれました。

このように、死という別れの経験は、死者よりも遺族にとって大きな転機となります。身近な人が亡くなることで、生きるとは、また死ぬとは、ということを考えさせられるからです。もし、死するべき人が死ななかった場合、経験するべきことが起こらなくなってしまいます。このようなことは起こり得ないのです。もし、起こるとするならば、宇宙は完璧ではなくなり、答えもなくなります。

我々はこの完璧であるというところからはじめて答えを得るのです。

すべては決定していると考えるならば、決定している要因としての、主宰者を想定しなければなりません。それは、「神が在る」ということです。そこには答えが存在します。

遺された側の心得

死を考えるうえで最も重要なのは、遺された側の経験です。死ぬ側はかつて、遺族の側を経験しているのがほとんどなので、これは順番です。遺族側を経験するということは、死について学ぶということであり、死を学ぶということは、人生を学ぶということなのです。人の死を経験して人生の儚《はかな》さを思い、儚さを思うから、充実していく。それが人生です。

人間の別れを考えてもわかるように、旅立つ側も、遺される側も、一様に悲しさは経験するものの、旅立つ者は希望も携えて旅立ちます。

私の若い頃は旅している状態が常だったので、その土地その土地で、お世話になった多くの人々がいました。そのたびに別れがついて回るのですが、長い間その家で世話になっていると、別れの悲しさはひとしおです。特に、チベット人の家族は情が深いので、涙なくしてのお別れはありませんでした。日本に暮らしていると、このような経験はほとんどないのが残念です。

我々は、出会いの喜びと別れの悲しみという経験から、人生について学ぶものなのです。バーチャルな感動は実際の感動には及びません。ドラマや映画で感動したとしても、実際の経験に及ぶものではありません。

出会いと別れは人生です。子どもの誕生で経験するのは、出会いの喜びです。また、死者を見送ることは、別れの悲しみです。これと同じことが旅人には日々起こっているのです。

別れの瞬間、当然旅立つ側も涙するわけですが、同時にそこには次への希望もあります。これは死者の経験する意識とほとんど同じです。こちら側に遺した人々を思って悲しむという部分もありますが、既に光に包まれており、そちらの意識の方が強くなります。旅立つ側は、問題ないのです。

しかし、遺された側は、遺されるという悲しみしかありません。この、遺される気持ちが、人間にとっては、経験として必要なものなのです。

忙しく働き、何も考えられないようにすることは、正しいことではありません。一つひとつの出来事に向き合い、自分を突き詰めていくのが人生です。そうでなければ、人生はあまり意味のないものとなり、同じ状況が繰り返されるだけです。それでは、地獄と変わりありません。つまり、多くの人は現世に生きながら、地獄を生きているのと、変わりないということになってしまいます。

2 生と死の超越

胎内の瞑想、死後の瞑想

人間にとって死は避けられず、また寿命も変えられません。なんらかの方法で変えられたように見える場合も、その経過を経て生き延びるようにはじめからなっていたということです。

私は子どもの頃に何度も臨死体験をし、さらに、若い頃は擬似的な死である瞑想状態の中で過ごしました。私にとって死とはすぐ隣に在るものであり、その経験が神に導くということもよくわかっています。

私に言えることとは、死という体験をより良く理解することが大切だということです。しかし普通、死はぶっつけ本番でやってくる一回きりの体験です。リハーサルなしの体験など恐ろしすぎます。舞台に上がる役者や歌手は失敗しないように、念入りに訓練をします。私もぶっつけ本番の死はおすすめしません。とにかく訓練あるのみです。

生きているうちに瞑想に取り組み、死と向かい合うことで、本番へのリハーサルを積み重ねることが重要だと私は考えます。

もちろん、死と捉えると、怖いと思うかもしれません。その場合は、産まれる前、お母さんのお腹にいた頃の記憶を思い出すように努力することで、産まれる前を体験することができます。これも、死と同じ原理です。

私の両親は私が産まれる前、東京の浜田山というところに住んでいました。老朽化したアパートだったらしく、産まれたばかりの私が泣くのが近所迷惑だったようで、生後まもなく西永福に引っ越しました。ところが、私はまだ自分が母親のお腹にいたときのアパートの間取りやテレビの位置を憶えていて、さらに、そこで両親が東京オリンピックを観ている映像が記憶に残っているのです。

このような経験は皆さんにもあるかもしれません。胎内にいる自分を瞑想することで、これらのヴィジョンを見ることができるかもしれません。

もうひとつの方法があります。

今、皆さんはこの本のこの部分を読まれているわけですが、本から目を天井に向けてみてください。「今、皆さんは、死後の自分の霊体と目が合いました」と言ったら驚きますか?

人間は死後、自分の人生のすべての瞬間を振り返ります。ということは、自分の人生のあらゆる瞬間に自分の死後の霊体が存在している可能性があるということです。今、まさに目が合っているのです。その「目が合っている私」に意識を転移できれば、神を経験できるはずです。これも、試してみる価値はあります。

胎児や死後の自分というのは、自分が知る限り、最も神の状態に近い自分です。今の自分に神を知ることが難しかったとしても、神を経験している自分に転移するというのは、それほど難しくないかもしれません。産まれる前、死んだ後、これらを瞑想することは、神の体験をするうえで、有益な方法となるのです。

こうして述べてきたように、修行とは、死ぬ前の死ぬ訓練なのです。人間は死から免れることができません。この事実を受け入れるためにも瞑想の実践を行い、慣れ親しんでおくことは大切です。

死とは必然的なものであり、避けられないものですが、肉体というマーヤが消滅することで、本来の在り方に戻っていくのが死です。本来の在り方とは、もちろん、神の状態です。

神の不在は確認できるか

人間は考える生きものであり、考えと共に進化してきました。考えることはとても大切なことです。そして、そこからさまざまな思想が生まれてきましたが、それらを信じるというのはあくまでも信念です。誰も神を知っているわけではありません。神を知っているとも知らないとも、誰も言えないのです。

ところが、神の在・不在を経験から知ることが起こると、それはその人にとって、信念ではなく事実になります。

神の経験をする人はいるので、その人にとって神はもはや現実です。しかし、神が不在であるという経験をしたことがある人は、人類史上ひとりも存在していません。

神を否定しているのはただの観念です。見えない、触れない、助けてくれないなど、自分の都合上の結論です。「神は救うものである」という勘違いも、この考えを助長させているとも言えます。

では、なぜ神の不在を誰も経験しないのかというと、神の不在を確認するためには、自己探究の実践をしなければならないからです。なぜかというと、神の存在は精神の訓練の先に経験できるようにプログラムされているからです。このプログラムに関しても、なぜ、そういうプログラムなのかという説明が必要です。

人間にとって、神の体験は臨死体験や実際の死を通して起こります。しかし、瞑想などの修行は、熟達していくと擬似的な死の体験を経験します。このような死の経験を以て、神を体験するというのが、定説なのです。

呼吸を細くして細くして、していないかのように瞑想をすることで、人間の身体機能は軽い停止状態に陥ります。これは、冬眠する動物に似ています。寒い時期にある一定の気温に下がると、体が自然に冬眠に入る。この仕組みに似ているのです。

人間は息を吸ってこの世に生を受け、息を吐いてこの世を去ります。人間の一生とは呼吸の連続の中にあります。瞑想では、この呼吸の連続をコントロールすることで、仮死状態に入ろうとします。これが、神の体験に通じるところとなるのです。これが、神を経験するためにプログラムされている神を知るためのプロセスなのです。

しかし、神を信じない人はこのような訓練は無意味だと思うので、実行しません。そして、実行しなければ、神の不在を知ることもありません。このなんとも素晴らしい矛盾がマーヤとして人類に覆い被さっている以上、人類にとって神は明確にならず、よって、この世界は消滅せず、維持されるのです。言わば、神を信じない人、神を誤認している人たちによって、この世界は維持されているのです。

しかし、もし仮に神を信じない人がこのような修行を行うと、その人は何らかの答えに辿り着いてしまうのです。そうなると、結論として、「神は在る」となってしまい、人の人生は必然性の中に在ると悟ってしまうのです。

生死を超える覚悟

正しい認識が働き、「みこころが行われている」という理解は、ループしない思考をもたらしてくれます。そこには答えがあり、答えがもたらすものは真っ直ぐに突き抜けていく思考回路です。見たものの本質を見抜き、超越していく思考は、何ものによっても妨害されることなく、ひたすら究極的な結論と共に存在できる私を実現してくれます。

この真っ直ぐ突き抜ける思考こそが、迷いがない、それこそ、この世にありながら天国を生きるようなものなのです。

反対に、何を見ても答えがなく、どうしようとぐるぐる回る思考は地獄なのです。我々に必要なのは突き抜ける精神です。そして、この突き抜ける精神は神に向かって一筋に突き抜ける認識であり、それは、神の認識、体験、理解からやってきます。ここにおいて、余計な宗教理論や哲学は無意味です。ループした思考が生み出す結論は、ループでしかないのです。

そして、このループを突き抜けることができるのが、神の絶対性の理解です。

この宇宙は「母」の性質をもってすべてがループしています。人間の生死は繰り返され、毎日も繰り返され、地球も宇宙も何もかもがぐるぐると回り繰り返されています。その中にある我々の思考も完全なるループの中にあります。これがマーヤの性質であり、我々はこの仕組みの中に完全に囚われているのです。ここからの解放が必要です。

そのためには我々はそれを理解し、それを超えていく覚悟を持って生きなければなりません。

自分を救う者は自分自身です。私以外に私を救える者はいないのです。私が覚悟し、私の認識を神のものとするとき、神が私を通して働き、すべてが神の力によって展開するのです。そして、この絶妙にして絶大なる力を、我々は恩寵によって受け取ることができるのです。そうすれば、私たちを取り巻くこの生死というテーマを完全に超越することができるのです。

これが、死を現実化することによって到達する人生の結論です。

悟りと死は切っても切れない関係性にあります。なぜならば、我々のすべての苦しみは生きていることから起こっているからです。悟りも死も、この生というマーヤの連続を断ち切り、真理に触れる経験であることには違いがないのです。我々は、修行のためにこの世界にやってきているので、ギブアップはありません。どんなにつらい人生であろうと、戦場にいる我々からすると、起こる苦しみは避けられません。この苦の連鎖を断ち切るには、目覚めるしかないのです。

もちろん、悟りも死も人生を逃げ出す口実には使えません。そのような逃げは、さらなる苦しみを生み出すだけです。逃げるのではなく、自分の人生に真っ向から立ち向かい、その経験としてやってくる目覚めが我々を解放してくれるのです。

私たちは毎日、確実に一歩一歩死に向かって歩んでいます。この現実は避けることができないのです。私たちにできることは、これらすべての本質を悟ることだけです。

また、人生とは愛の学びの場でもあります。

この愛を通して経験する一つひとつの出来事から我々は学び成長をしていくのです。そして、これらは神の愛によって起こることなのです。我々は日々つらいことや苦しいことに巻き込まれているかもしれません。しかし、これらの試練を乗り越え、神の愛に辿り着くことができるなら、我々は今見ている世界と全く違う光に満ちた世界を、生きながらにして目撃することができるでしょう。

これが、我々が生まれてきた意味であり、存在する理由であり、神に到達するという目的のために起こっていることです。

私は神から与えられたこの人生と、そこで起こる出来事の数奇さや、人々との出会いに感謝してもしきれません。私に愛を注いでくれた人たち、私を導いてくれた人たち、あらゆる人種の人たち、多く人との繋がりによって私の人生は彩りに満ちていました。そして、これらのすべての経験は、一筋に神へと向かう足跡だったのです。

すべては神の愛による導きであり、その中で形成されてきた認識が、結果として前作や本書に現れているのです。すべてはこの瞬間のために、と言っても過言ではありません。

すべての経験は関連し合い、それらがひとつの結論へと展開していく様には目を見張るものがあります。神のなす計画には何ひとつ無駄がなく、すべてが連動し描き上げていく人生という作品は完璧であり、これほどの芸術を私は見たことがありません。

そして、これらの一つひとつの出来事は、神の愛を通して紡《つむ》ぎ出されていくのです。

Ⅲ　質疑応答

なぜあなたは今ここにいるのか？
それは、神の意志である

1 悟りと晴天

――先生の言う、悟るという意味での「わかる」というのは、自分のことをわかるということなのでしょうか？

「わかる」ということには、自分自身のことを「わかる」ということと、神のことを「わかる」という二つの答えがあります。

この辺のことは微妙なニュアンスなのですが、「私を悟る」というのは「アートマンを悟る」ということです。あくまでも自分の原因のことをわかるということ。一方で、神というのは自分の原因であるけれども、宇宙の原因でもあります。自分のことはわかったけれども、神のことはわからない、という悟りの段階も当然のことながらあります。

神のことはわからなくても、自分のことはわかっているのですから、本当はこれで良いのですが、そういう人に私が「神のことはわかったのかな？」と聞くと「先生のひと言ひと言は私にとってマーヤになります」と言って、私の前からいなくなってしまうということがありました。その人は、いつか世界の原因を知りたくなったらまた来るだろうな、と思います。

たとえ、自己の本質が明らかになったとしても、それはあくまでも自己の本質なので、世界の本質はいまだ理解されていません。

インドの思想では、ただひとつの絶対者を、世界原因としての側面である「ブラフマン」と、自己原因としての側面である「アートマン」として、同じ存在を分けて考えることがしばしばあります。その理屈に照らし合わせて考えてみるとわかりますが、自己の本質であるアートマンが明らかになっても、世界原因のブラフマンを体験・理解しないと、現象が起こる理由を理解することができません。この、神という絶対者の認識を欠くならば、起こる出来事の仕組みが理解できないのです。その場合、カルマという、本質ではない副次的な結論を持ち出すことによってしか、結論が出なくなります。そうなると、そのカルマを浄化しなければならないなど、さらなるマーヤへと発展していくことになります。

このような経緯から、自己の本質を理解したとしても、世界原因である神を理解できないと、せっかくわかったことがわからなくなってしまうのです。そうすると、社会と自分を隔絶するしかなくなってしまいます。最終的には、山に籠るしかなくなってしまいます。でも、我々はそうすることはできません。

これまでの人生で経験してきてわかるように、出来事というのは望まなくとも向こうからやってきます。厄介事が「なぜやってくるか」ということに対する答えがわからないと、結局わかったことにはならないので、わかっていたつもりのことが、どんどんマーヤになってわからなくなってしまうということが起こり得るのです。

私の最初の覚醒は、二十歳の頃に起こりました。そのときは、東京の実家の自分の部屋で雨戸も締め切って、毎日そうめんだけ食べて瞑想していたら、母が「こんな生活をしていたらよくないから、インドに帰りなさい」と言って、お金もくれたのです。最初は家で瞑想している生活が安定していたから、外に出たくありませんでした。一歩外に出れば何かが起こります。

でも、あるとき外に出たら、黄色い袈裟《けさ》を着たお坊さんが家の前を横切ったのが見えました。それは幻覚だったのですが、その後もたびたびそのお坊さんが町中に現れるようになりました。インド大使館にビザを取りに行ったらそこにもいたのです。「これは『行け』ということだな」とインドに行ったところ、さまざまなトラブルに巻き込まれることになりました。それも、命の危険に関わるような。そこで私は悩んだわけです。「なんでこんなことが起きるんだろう?」と考えた瞬間、わかったはずのものが全部なくなってしまったのです。そして、「これは一から修行しなおしだ」と、チベット仏教の修行を始めたのです。

しかし、修行を三十歳のときに諦めてサラリーマンをやったりしているうちに、三十五歳でついに「わかった」というときが来たのですが、そのとき私が到達した答えが「神」だったのです。すべての起こる出来事は、神によって起こるのだ、ということがわかったわけですね。「自分じゃないんだ。というか、俺は何もしていないんだ」と。

ただひたすら経験なのです。人生とは、経験と理解です。そして「全部やっているのは神なんだ!」という結論に到達して、すべてが終了し、わからないことはなくなりました。

ですから、悟りというのは大きく分けて「私の悟り」と「神の悟り」とがあるのですが、神を悟らないと起こる出来事の説明はなされない、ということです。

ただ、悟りは人の数だけあって、それぞれがそれぞれの感想を持つわけですね。積み重ねてきた人の人生は、宝の山なのです。そして、その人しかない悟りに絶対到達するのです。

悟りに到達した人は皆同じになっていると思いがちですが、大筋はある程度一緒であっても、言っていることは皆違います。「どれくらい違うことを言っているか」というところにフォーカスすると、皆だいぶ違います。それぞれにその人にとってのOKが出るところが必ずあります。ですから、必ずしも皆が皆、こうならなければならないということはありません。

――悟りの状態というものをどのようにイメージしたら良いでしょうか?

例えば、曇っている日をマーヤとすると、晴れの日も当然あるわけです。晴れの日は「晴れ」と表現されますが、「晴れ」とは何かというと、「何もない」ということですね。曇りには曇りというオプション、雨には雨というオプションがありますが、晴れている状態は、オプションのない状態です。晴れという状態があるのではなく、ただ、「何もない状態」なのです。

悟りというのはまさに、この晴れという状態と同じです。何もない状態を指しているのですが、その状態が最高の状態です。曇っているのは、マーヤがある状態であり、暴風雨は魔が吹き荒れている状態です。

晴れているときは何もない状態ですが、そこには、地球が存在するために欠かせない太陽が存在しており、その太陽の恩恵が地球に降り注いでいます。

晴れ、これがまさに悟りということです。悟りが在るのではない。でも、その状態を悟りというのです。暴風雨であっても曇りであっても、太陽がなくなったわけではありません。雨雲の上に行ったら晴れの状態がそこにはあります。しかし、地球上は台風によって荒れ狂っている。これがまさに我々がマーヤや魔にやられている状態です。太陽が在るということは、現代人に聞けば百人が百人「在る」と知っていますね。天体現象は誰もが理解をしています。それと同じように、マーヤが覆い隠したり、魔にやられたりして消えることがあるけれど、神がなくなったわけではないのです。

もしこの教えが広まれば、「今はマーヤがあるから神のことを認識できないだけなんだ」ということを、すべての人が理解できるということです。

悟りというのはとにかく晴れです。その状態はその状態が在るということを意味しているけれど、悟りという実態が在るかといったら、実態が在るわけではない。悟りが在るのではない、神が在る。

だから悟りにフォーカスするのではなく、「神の体験をしたい」でなければならないのです。

――悟ったら人はどのようになるのでしょうか？

悟ることをスーパーマンのようになることだという印象を持っている人もいますが、私は悟ることを特別なことだとは思っていません。気がふれた人が正気に戻る、という感じです。

気がふれた人は、どこか自分がおかしい、治りたいと思っています。どんな薬を飲んでも何をしても「自分はおかしい」と思い続けていたけれど、あるとき何かの力によってハッと、おかしくなる前の自分に戻った、という感じだと思います。

私は、悟りや覚醒を目指す人は生まれつきどこかおかしいと思っています。健康な男女は普通に金儲けして結婚して子どもを作って、ということに疑問を持ちません。私はそういう人がいるのも、悟りを目指す人がいるのも、神がこの世界を維持するためのひとつの采配だと思うけれど、私自身は明らかに子どもの頃からおかしかったと思います。自分はなんのためにここに存在しているのか、生きることにどんな意味があるのか、ということをずっと考えて、何をやっても楽しめませんでした。楽しめない自分が悪いと思っていたので、楽しめることを探し、ありとあらゆる可能性のあるものを試しました。油絵を描いたり、ドラムを叩いたり、踊りを踊ったり。そして、ある程度のレベルまで行っても満たされないのです。ガールフレンドができて、一瞬はバラ色になったと思っても、それが続かないのです。そして、「何事も移ろうものだ、絶対的なものはない」と思ったわけですが、でも、どうしても満たされなかったのです。

それで十五歳くらいから瞑想を始めて、高校は一年で中退して、十七歳でイギリスに行った後、結局十八歳からインドに行って修行することになりますが、その後チベット仏教の修行をして、二十九歳のときに修行を断念することになりました。

しかし、その三年後、「そのままでいいんだ」という状態になった。それまでは「そのまま」がなかったのです。生きているということに満足することがありませんでした。
最終的に、奇跡的な力が働いて、普通に戻ったのです。つまり、正気に戻った。それは自分がイメージしていたものとは全く違うものでした。

悟ったらスーパーマンになれると思ったら大間違いです。この道に入ってくる人は、はじめからおかしくて、悟ると正気に戻るのです。あるがままの状態でよくなる、何もそれ以上を求めない、自分に与えられている以上のものを求めない。

人間の苦しみは、手に入らないものを手に入れようとして生じるのですが、手に入らないものは求めなければ平安でしょう。そういう心の状態だけれども、ある意味では、それはことさら凄いことでもありませんよね。

自然な状態というものがわからないから、普通の状態の良さがわからないのです。耳を澄ませて音がないことを聞くという喜びを経験すると、音がない音を聴いているときに心は一瞬にして静まり返ります。瞑想するときは、禅定《ぜんじょう》に入ろうとする集中力を必要とするけれども、自分の心を見続けて五分十分とやり続け、雑念が出てくるインターバルが長くなった瞬間に空白が発生し、その心の中に生じた空白が次の雑念を発生させるまで意識を支配することが起こる。どんな人たちでもその作業をやらないといけないけれど、あの静かなところで耳を澄ませると、瞬間にその静けさがバッと広がります。あの感覚は、音がない場所に行って音がない経験をしないと理解できません。

でも、本来はきっと、ここが野っ原だったときは、風が通っていく足音が聞こえていたはずです。昔の人はそういったものを見つめながら暮らしていたけれど、今の人たちは常に音がある場所にいるから、この音を消すために別の音を必要とします。別の音を発生させることで、余計な音を消さなければならない。ということは、それはあるがままの状態ではなくて、あるがままではない状態の自分に何かを付加させることでその状態を超越しようとしていることです。あるがままの状態を知らないから、あるがままの状態になるためにいろんな修行をもってくる。それは付加して別の何かになろうとしていることだけれど、大いなる勘違いです。辿り着ける場所に辿り着けなくなってしまいます。

ただ、赤ちゃんの状態に戻るだけのことです。余計なものをいっぱい入れすぎているだけなのです。やることはひたすらマーヤ解きだけ。

ある意味で難しいのは、マーヤがあるからです。既成概念、思い込み、条件付け、固定観念、「こうでなければならない」と多くの人が思っていること。「それだってこれだって、どれでもいいんだよ」という状態を得ることです。囚われない心、そういうものを得ていくことです。ですから、私はとにかくマーヤ解きをしてくださいと言うのです。

2 問い在るところに答えが在る

——良いことも悪いことも神の意志の現れであり、例えば借金苦も「みこころ」だとすると、なぜそのようなことを神が起こしたのかを考えていくことが必要であり、その考えるプロセスが大事だということでしょうか？

そういうことです。

結局は、答えはこの世界の中に在るので、今与えられているミッションについての答えは刻々と変化していく可能性もあります。場所によっても時間によっても関わる人によっても答えの形は刻々と変化していく。だから、この世界は真理とは言われないのですが、この世界と関わっていく以上は、真理を見据えたうえで、どういう動きをしていくかということに対して答えを見出していかなければなりません。

海をして真理とすると、あらゆる魚は海があるから生きていけます。漁師も海があって魚がいるから仕事ができる。だから海というのはそこにおいては真理です。しかし、潮の流れや季節によって魚の生息が変わるため、それを読んで漁師は漁に出るのです。それは、変化していくものですね。でも、海が変わるかというと、海は変わりません。それと同じように、真理は変わらないけれど、我々の日常は刻々と変化していきます。

我々が空を見上げると毎日同じ空があるけれども、地球が誕生して以来、同じ空は一日たりとしてありません。雲の位置や形や大きさが、何万年前と今日ぴったり一致しました、ということはない。でも、それはひとつの同じ空です。

空と同じで真理は動きません。真理は動かないけれど、表に出ている部分は刻々と変化していきます。我々の日常は刻々と変化していくから、答えはさまざまに変わる可能性があります。

問題なのは、我々の意識状態が常にどういう状態であるかということです。真理に向かっていく意識があるのか、流されていく意識なのか。
多くの人は、現象に振り回されて基本的にリアクションしかしていません。思いついたことに乗っかっていくだけです。それでは、脳で起こっている思考の奴隷です。ランダムに出ては消えていく思考というのをひとつの束にするということが大事です。それが私が普段から言っている「マーヤ解き」ということになります。

――それは、瞑想とはどのように違うのでしょうか？

これはひとつの脳の働きだけれども、ひとつのことをずっと考えていく作業というのは、ランダムに出てくる思考を集めていくものです。その思考の束を作って、理解すべきタイトルにぶつけていくことによって、それがひとつのエネルギーになります。
瞑想が一番人間にとって難しいことです。思考がランダムに出ているなかで、その思考の働きを全部抑えなさいというのは、結局無理があるわけです。それよりも、何かに集中していたり没頭していた方が、人間にとってはやりやすいのです。ですから、これを利用する方が良い。

思考に方向性を持たせるというのが、「みこころは何か」と考えることだったり、「マーヤの原因はどこか」と考える時間を作ることだったり、ということになります。私はそれを「神様タイム」と言っているけれど、夜一、二時間、自分の部屋ないし、家族が寝静まった後のリビングでもいいけれど、電気を薄暗くして良い音楽をかけながら、ゆったりとソファーやリクライニングチェアーに腰かけて天井を見る。やろうとすればすごく簡単なことですが、やらないと先に進めない。

マーヤ解きがマーヤになることもあります。人間の中にはイタチとキツネが棲んでいて、それがグルグル回っているようなものです。ですから、常にマーヤだとわかるバランスの良さを自分の中に持っていることが大事になってきます。

そうやっていると、どれだけ自分が固定観念に縛られてきたかが見えてきます。「こうしなければいけない」というような観念を自分の中から一つひとつ取り除いていくことが目的になってきます。そうなってくると、どんどん重荷がなくなってくる。背負うものがなくなってくる。そうなっていくプロセスの中で、みこころが何であるかということが観えてきます。そこで、みこころとマーヤを解いていくのです。

——答えが出なくても考え続けることが大事だということですか？

人間の中で、「問う」ということはすごく大事なことなのです。疑問が在るから答えが在る。疑問のないところには答えがない。「私が誰なのか」ということを問わない人が「私が誰なのか」という疑問の答えに至ることは絶対にありません。

多くの人が「私が誰なのか」ということを自分に問いません。インドの聖賢たちが言うように、答えを得るためには「自分が誰か」と問い続けなければなりません。問うたときにはじめて、自分が誰なのかが見えてくるのです。「このマーヤはなんだろう？」とか、「このみこころはなんだろう？」と末尾に「？」を付けることで、脳が自然にその疑問を解決する方向に総動員されはじめるのです。

そうやって、自分に疑問を与え続けることで自分の脳を活性化させていく。それらをやることで必ず答えに辿り着きます。

疑問がなければ答えはないと言ったけれど、その疑問を生じさせるのは、答えが在るからなのです。答えがないところに疑問は生じないからです。「私は誰か」という疑問が生じたら、そこに明確な答えが在ることの証です。自分の魂の香りがしてきたのです。それを解いていくこと、それが探求です。

この「マーヤ解き」というものは、本当は悟後の修行にあたります。悟った後の修行ですね。

悟った人も世の中に関わっていれば、当然ながらその影響を受け取ります。その影響を受けるたびに、悟っている人は、悟ってない人に比べて断然やられてしまいます。マーヤと私の境界線が明確なだけに、変なマーヤが来ると余計やられるわけです。そういう人が自分の状態を完璧な状態に保つために、本来はマーヤ解きをしているのですが、私はこれは悟っていない人でも使える方法だと踏んで皆さんに教えていて、そして効果も見出せているので、この方法をおすすめしています。マーヤ解きというプロセスが自分を答えに導いてくれるので、大事なのはプロセスです。

――「悟ると借金はなくならないけれど借金苦はなくなる」とおっしゃっていましたが、それはどういうことですか？

これはケースバイケースですが、意識が変わることによってお金がどこかからポンと入ってきて借金が消えることも起こり得ます。それは最高のパターンですね。
そうではなく、借金という現実もあるし、自分がわかっていないことによって起こっている苦しみもあり、二重の苦しみが続いているということが起こりますが、この場合、基本的に人間の苦しみは自分で作り出してしまっているものなのです。現象がリアルだと思えば思うほど、リアルだと思っていることが苦しみを作り出してしまいます。逆に、もし現象をリアルだと思わなければ、その影響力はどんどんなくなってくるのです。

例えば子どもの頃、ホラー映画を見ると怖くて眠れなくなったことが誰しもあると思います。それがなぜ大人になると平気になるのかというと、「あれは作りものだ」と思うから怖くなくなるのですね。でも、子どものときにテレビで見ていると、基本的にそれが作り物だという認識がありません。作り物と現実の境界線がないので、怖い体験が自分に起こるのではないかという不安が起こります。大人になると「あれは映画だ」という明確な理解をしているから、それが自分に影響を及ぼさなくなります。

借金というのは、ものすごくリアルなものです。リアルなだけに、それがやられる原因になってしまいます。ですから、借金が自分の中でリアルにならなければいいのです。つまり、どうしたら借金が自分にとってリアルにならないところに持っていけるかが、神に課せられたひとつの競争だと思います。人によってそれぞれだと思うけれど、結局それが勝利するポイントだと思います。

普通の人の闘いは金を返すことですが、この世界に首を突っ込んでいる人は、それがどれだけ大したことではないことなのか、それが現実でないことなのか、というところまで自分を持っていけるかというところの闘いなのです。それには、自分の意識がどこまで開いていけるかというところだと思います。

どこまでそれがないことになっていくか、自分の精神性が現実を凌駕するところまでいけるかどうかの競争なんですよ、これは。

――「あるけど大したことではない」のと、「ない」というのは、どう違うのですか？

人によって必要とする答えは違うと思いますが、今の場合は、これを「ある」と認識している私の意識が「ない」という認識にひっくり返れば、借金もどうでもよくなると同時にわかってしまうと思います。ですから、その状態になるためにどう持っていくか、という方が近い気がします。

これは神がお与えになった試練なのだから、ここからどう自分が学んでいったら良いかを探していくのもいいけれど、それを「ある」と認識している私の意識を変えてしまうのが大事なことなので、これを消すのではなく、これを「ある」と思っている自分の意識を改善させるのです。

それには、自分の認識が間違っているということを、まずはわかること。「自分は正しい」だったり、「自分はそこそこいけてる」と思うと、人間は失敗します。徹底敗北宣言した方が良いのです。「今のこの俺ではだめだ」と。うまくいってないのだから、だめで良いのです。全く新しい自分に変わらないとだめだ、と。前提をそこにするとまた少し楽になります。

ここだけの話、神が最も望んでいることは全面降伏なのです。「お手上げです、私は何か自分でやれると思い込んでいましたが、実は私には何もできません。すべてあなたがやっているんです、ごめんなさい」ということが、あのお方が基本的に望んでいることだと私は思います。

だから、「自分が何かしている」という感覚がある限り、それに伴って苦しみが絶対に付いてきます。自分が何かするから成功も失敗も起こるけれども、それがみこころだったら成功も失敗も起こりません。自分のせいで失敗しているのではなく、神がそれをセッティングしたわけですから。でも、「自分で何かしている」と思う限り、失敗が続くと自分がだめな人間だというところに行き着きます。そうではなくて、すべては神のセッティングなのです、自分の選択ミスではなく。

それをわからせようとするときに、神としてはまず、「絶対お手上げ状態」に辿り着かせるところがあると思います。「自分が何かやってる感」がある限り、成功や失敗があるから、まず「自分は何もしていないんだ」というところに行くと、何事も自分のせいではなくなります。ただ、経験させられているだけ。そして、それには絶対に何らかの意味があるのです。

当面の問題としては、なんとか借金を消したいわけですが、それが「ある」という認識をしている自分の認識の仕方が変わっていけば良いのです。それに必要なのは、意識が変わることです。あとは、借金を好きになること。

この宇宙というのは矛盾です。我々が日々、一元論が正しいのか二元論が正しいのか、愛なのか智慧なのかということで悩み、「どれかひとつにしたい。どれが真理なんだ」と一貫性を求めているけれど、神から観れば、「ばかだな、全部私なのに」と思っているはずです。神の目になって俯瞰《ふかん》すれば良いのです。「神様はこう観ているだろうな、神はこう思っているだろうな」という神の視点で観ることが大事なのです。間違っていても良いのです。そうすると、大体みんなどうでもよくなってきます。

――「神の視点で観る」ということについてもう少し教えてください。

神というのはやはり、根本的な生命体です。根源ですからね。その神の意識というものがやはりあります。ですから、宇宙というのはひとつの大きい脳みそなのかもしれませんね。我々の脳もそれに似せて作られているのかもしれない。わからないですけど。

神というのは意識体であって、その神という意識体に反応できるものは、脳の形を持っているものです。ですから、動物も反応している。そして人間は、それを理解してそこから何かを作っていくことができます。結局、この宇宙で意識や認識をするものは、脳なのだと思います。大なり小なり。

神の究極的な恩寵というものを受けると、今まで気になっていたことがどうでもよくなります。これで十分だと思うのです。ですから、今まで疑問だと思っていたことが愚問だなと思えたり、これは自分はわからなくてもいいことなんだな、と結論づけられたりします。知るべきことがある人は、知るべきことを知るわけだから、皆がどういう理解の仕方をそれぞれするかは、面白いところではないかと思っています。

昔、私は「脳みそが香港ネオン」と言っていましたが、神が来てバキバキになってくると、頭がい骨が開いて脳が光りながらどんどん大きくなって、私の脳みそが宇宙一杯になったような感じ方をします。神が来たときに開口一番、私が友達に言った言葉は「神様の頭になっちゃうぞ」。脳が「それ」を感じる、いや、脳が「それ」になる。ですから、我々が知っている脳というのは、見せかけの脳だと思います。前頭葉があって側頭葉があって脳幹があってというのは、見せかけの脳。この脳の本質というのは宇宙なのです。それに化けるということです。
人間はこの脳のある部分しか使っていないから、そのある部分しか使っていない脳は、「それ」にはなり得ません。それが、何かのきっかけで右脳がバーッと開いたときに、神の頭になりえる、ということです。「あれ、これはなんだろう?」と思い終わらないうちに、凄いスピードで答えがぱっと出ます。そして、それがちゃんと言葉になっている。そういう状態ですね。

――先生は「仕事をした後は神様タイムができない。神と繋がるときにエネルギーを使う」とおっしゃいましたが、それは、精神が現実を上回るために精神力を使っているということですか?

そうです。今日のように仕事が終わった後は完全に精神力を使い果たしているから、神と繋がることに精神力が残されていないので、神様タイムができません。

――普段の神様タイムでは、触手をのばしながら待って、そこに精神力を使っているというような感じでしょうか？

そうです。

「企て」と、「集中する」ということは違います。企てというのはエゴが働いている感じがしますね。「自分の思い通りにしたい」という念が強く出ているけれど、単なる集中には、自分の意図や欲求は含まれていません。ただ神にガーッと集中しているところにエネルギーを使っています。そして、純粋に繋がりの世界に入ると、もうそこで努力することはありません。

瞑想するとき、最初の十〜十五分はものすごい集中する必要がありますよね。努力の必要性があります。目を閉じて呼吸に意識を集中したとき、五分くらいすると意識感覚が変わってきます。雑念があると十〜十五分かかります。瞑想の脳波が出てくる状態に自分をもっていくために、どうやって集中できるかにかかっている部分があります。いったんゾーンに入ると無努力で続いていきますよね。あの感じに近いと思います。

ですから、最初にエネルギーをかけてワーッと集中して、あとは努力しなくても神の状態になる、というね。でも、やりはじめに気が散っていると、いつまでたってもそのゾーンには入れません。それが結構な精神力を必要とするのです。

私の場合、肉体を使った作業を平日にやっているとそれを感じないけれど、セッションなどで精神力を使い果たすと集中できなくなります。体の疲れと精神疲労は違うということですね。精神とか脳をなるべくすり減らさない努力をした方が良い。精神的に疲れすぎると推進力を得られなくなります。

自分の部屋だと、知覚の変容だけに意識を向けていられますよね。そうすると気分は大変良くなります。平和で幸福で愛があって部屋全部がハレーションを起こしているように明るく感じられます。

今私にとって、この部屋しか存在しません。でも、自分の意識とこの部屋が一体化するのです。通常、人間の場合、意識は自分の肉体の中にあって、思ったところに行くわけですが、それが神様タイムのときは、意識が部屋全体になります。

精神在るところに神在り。私が部屋であり神が部屋であり、神と部屋と私が全部一緒くたになってトリップしている。意識というのは自分の肉体の中に在って思ったところに行く。この部屋全体に意識を行きわたらせるのです。

――波を読もうとするとうまくいかなくて、あきらめたときにうまくいくようなことがあります。

「読もう」というのは企ての部類に入りますね。企てというのは「こちら」の考えだから、それは打ち砕かれるようにできているのです。そうではなくて、直感的な読み。考えているうちはだめです。

サーファーもそうでしょう。そのために、考えたり試行錯誤したりしながらボードに乗っかって、波を何百何千と見送っていくのです。そうしているうちに、直感的に乗れるようになってくるのです。

そのタイミングが「向こう」から来る。タイミングの方からやって来るのです。だから企てるのは違います。

でも、何度も企てて失敗して、企てないことには波を読む試みすらないのですから、それを読んでいつか自然に乗れるようになっていきます。自然に乗れるようになると、世界が動く。

ですから、いつ世界が動いてくれるかですね。私たちの努力と世界が動いてくれるときに、二倍三倍の力で攪拌《かくはん》が起こります。シェイクすることによって小さい粒粒にすることで、本来ここにあった観念が壊れるということが起こります。

例えば、自分を「私」というひとつの生命体と考えるから「私」に囚われます。「私」という呪縛から逃れることができません。でも、人間というのはこの六十兆の細胞の寄せ集めだと考えると、私はどこにいるんだ、ということになります。私という存在が在ると思っているのは、脳の単なる錯覚でしかないのです。私というのは六十兆の細胞の寄せ集めでしかない。私たちは粒粒だということです。大きい粒粒だと捉えれば捉えるほど難しくなるのです。

3 識別力を以て観る

――自分の中のマーヤが全部なくなるというのは、どのような状態ですか？

時間の影響を受けていたら、マーヤの内にあるということです。五分とか十分、時間が経過しているということは、ぼうっとしていてもマーヤの内にあります。「五分経ったな」と思うことは、時間の経過を気にしているということだから、マーヤになっているのです。

瞑想や祈り、または死の体験の瞬間に時計がカチッと止まり、そのときにものすごい速度でいろんな経験をしているとしたら、そこでは時間がないから完全にマーヤのない経験をしていると言えます。はっと我に返ると、実際の時間は数秒しか経っていないけれど、当の本人は何十分もの経験をしている。ここにはマーヤがありません。瞑想をしました、目を閉じて座りました、しかし、そこで時間の経過を気にしながら座っていれば、既にマーヤの中にあるということになるのです。当然ながら、時間の経過でお腹が減る。そろそろ寝る時間だな、帰る時間だな、と考えたりしてしまうのです。

ラーマクリシュナが自分の腕の毛を見て、「（暗くなってきたために腕の）毛が見えなくなってきたから、今日はもうタバコは要らない」と、ヴィヴェーカーナンダに言ったと言われていますが、それは時間経過の中で周りの出来事に反応しているのです。散歩中に蜂に刺されるという経験をするラマナ・マハーリシもまたしかりで、あの方々にとっても、マーヤがないのではありません。一刻一刻過ぎるたびにマーヤの中に入っていって、そのたびにマーヤとしてマーヤを掻き分ける作業をしている、というニュアンスです。一歩進むごとにマーヤが流れていく。そこでマーヤの体験をしている。でも、マーヤだとわかっているからそれを払おうとするのです。

普通の人は煙の中を歩いているのが常だから、払わずに真っ直ぐ進んでいくのですが、マーヤだとわかってしまった人はそれを払いながら歩いていきます。必ず一刻過ぎるごとに一刻ごとのマーヤに接触し、それを認識していくのですね。

ですから、マーヤがないという状態があるわけではなくて、マーヤを経験して、マーヤを認識し、マーヤを取るという作業しているのだと私は思います。私がそうだからです。マーヤが内にあろうが外にあろうが認識されています。マーヤでも魔でも、認識されないと実体化しないのです。

——自分の中のマーヤがいったんなくなった状態というのは、すなわち神になっている状態ということですか？

そうです。「自分」というのはまだあるものの、自分という状態と神とが一体になっているということを自分自身がわかっているから、それをわかっているということは、神になったも同然ということです。ですから、「私はあそこにも存在するし、ここにも存在するし、全部が私だ」という意識の状態を経験することもあります。

——自分の中のマーヤがなくなった経験をした人が世界を見たとき、どのように見えるのですか？

マーヤしかないように見えます。世界はすべてマーヤだと見える。だから、悟った人は尻込みして山に籠る人も多くいます。
美しいものは際立って美しく見え、醜いものは際立って醜く見えるというのがマーヤの作用ですから、わかっている人が自然を見たときには、何倍も綺麗に見えます。それは、自分の中のベールがないからです。マーヤのない人には、赤い花の赤は光り輝いて見えます。

――外側に見ているマーヤが自分の中にあるものだと感じられた経験がありました。マーヤを解くのは内側の作業なのですね。

一般的にインドで使われる「マーヤー」という言葉は、世界がすべて幻想であるというときに使われています。私は思考上に存在しているものをマーヤと言っています。私の造語的なものです。この思考上に存在しているマーヤがあるから、すべての物事をそのマーヤのフィルターを通して見て考えて、という形になってしまっているのです。
そして、一回この思考上のマーヤが取れるとします。一瞬でもマーヤが取れて神になるという体験をすると、自分の思考上にマーヤが存在しているというのは、外からマーヤが入ってきた、ということになります。

まだ神の体験をしたことがなく、わかっていないうちというのは、自分の中にマーヤがあるということに気づく体験をすることになりますが、一回なくなってしまうと、マーヤというのは常に誰か別の人の思考や会話や想念から自分の中に入ってきて感染するということが起こるのです。

わかる前はとにかくすべてがマーヤだから、自分が何を思おうが、どんな出来事に出会おうが、結局とにかくすべてがマーヤなのです。判断基準がすべてマーヤに基づいているからですね。

これが、一回自分の中からマーヤがすべて出るという体験をすると、嫌な出来事が起こったときに「マーヤ」ではなく、「自分が嫌だと感じる出来事が起こった」ということになるのです。それはつまるところ、その出来事がマーヤだということではなく、自分の中にマーヤがあるのでもなく、その出来事が起こることでマーヤが発生した、ということになります。

例えば、ある人と接して、その人と会話をしたときにその人が持っていたマーヤをもらってしまうことがあります。人間は想念で繋がっているからです。

ですから、誰かと相対するときに油断してはいけません。その人のマーヤが入ってきてしまうからです。「なるほどね」とか、「そうなんだ」と同意をしたら、それはマーヤに同意したことになってしまいますから、相手のマーヤがズバリと入ってきてしまうのです。これは契約のようなものですね。悪魔と契約するようなことと一緒で、同意をする、共感をする、ということは、そちらにあるものをこちらが受け入れるということになるのです。あれを見ても、これを見ても、とにかくマーヤだと思う必要があります。

普通、人と人とのコミュニケーションでは、同意によってキャッチボールが成されて会話が盛り上がっていきます。会話の内容を発展させるのは、共感なのですね。共感をすることで二人の間のエネルギーが膨らんでいくのです。そして、それが「今日楽しかったね」という結果をもたらします。そのとき共感をしていると、相手をよっぽど選ばないと、相手のマーヤがだだ漏れで入ってきて、その後、数日にわたってその人のことが思い出されるのです。経験があるでしょう？　ほとんどの人は、楽しかったから「楽しかったな」と思い出していると思っていますが、そうではなく、それは共感によって相手のマーヤをもらっているからです。マーヤとして認識されていなくても、マーヤがあるからそれが来てしまっている。とにかくその人の考え方が移ってしまうということです。

実際は、マーヤという実態があるのではありません。個人にとって特有のマーヤが存在しているわけでもありません。その人の生い立ちによって、その人に個性的なマーヤが形成されるということはあります。でも、多くの人が間違えるのは「これが自分のマーヤなんだ」と思い込んでしまうことにあるのです。

人間というのは、ある条件下である一定の考えにさらされると、必ず絶対皆同じようになる、ということなのです。例えば、生育環境がどうであったかが、子どもに与えるマーヤを形作ります。自分の個性的なものではなく、その親に育てられればその

マーヤが全員にできるということなのです。さらに、今度は学校の環境でマーヤの要素があれば、このマーヤはその人の形に一歩近づき、職場で色々なことがあれば、またそこでのマーヤが加わって、いかにも自分のマーヤらしい形になっているのですが、マーヤ単体で見るとそれらは条件付けです。そういうマーヤのさまざまな要素が自分

の個性を作り上げていくわけですよね。

ですから、それらのマーヤをひとつずつ取り除いていくと、それぞれが還るべきところに還っていきます。ひとつのソースから出てきているものを、自分の経験によって自分の形に作り上げていただけだということに気づきます。

――人間には個我があると思うのですが、個我という種子として元から持っているものもマーヤの集積ですか？

そうです、それがマーヤを引き寄せます。個我が原因でその親の元に生まれ、個我がプログラムに応じて人間関係なども引き寄せているということです。

――実体がないとはいえ、その人固有の実体があるように思われます。

それは、どこにフォーカスするかで変わります。

個我にフォーカスする場合、カルマという現実が出てくるということです。ただ、その個我が引き寄せてきたマーヤというところで見ると、「そのマーヤという現実」だけがあるということになります。マーヤだというふうに解くと、マーヤはなくなるという性質があります。ところが、カルマだと理解しても、カルマはなくなりません。それは、プログラムだからです。

個我は色々な性質を呼び寄せるけれど、マーヤをそこに近寄らせなければ良いのです。

個我のプログラムに応じた神のみこころというのは、避けることができません。悟ろうが悟るまいが起こります。ただそこで、その状態がマーヤを引き寄せやすい状態か、引き寄せにくい状態か、その人がどのようなスタンスを取るかは、決めることができます。

私のようにたくさんの人と会うということは、人との縁もたくさんできます。そこでは、色々な憶測や考えが飛び交うわけですから、私の場合はマーヤに陥りやすい要因をすごくたくさん持っています。それをどうやって防いでいるかというと、「どうでもよい」という認識によって自分を守っています。「どうでもよい」と思うことによって、マーヤが自分も中に入ってくることができなくなります。「これをなんとかしないと」「どうでもよくない」と思ったらマーヤが自分の中に入ってきてしまうからです。

　個我のプログラムは生きている限り実行され続けていきますが、この人のプログラムと誰かのプログラムを動かして、この二人を会わせて何かをさせたり、全世界の人たちのバランスを取ったり、というのが神の「法」ですから、法がすべてを支配してその人に取るべき行動を起こしているのです。

　個々の中に個々のプログラムが存在して機能しているということは、わかっ、わかっ、わかっていい、わかっていいないとかに関係なく、人間はこれに従わなければならないということです。ただ、そこでマーヤがあるのかないのかということが、大きく変わってくるポイントです。

　法が人々にマーヤを与えているのではなく、マーヤは人と人との接触の中で起こるようにできています。それが法の中にプログラムとしてある、ということなのです。

4 大きな恩寵の前で自己を棄てる

――覚醒と悟りと解脱《げだつ》はどう違うのですか?

修行するということは、聖なる人を作るということです。でも、悟るということは凡人で構わないのです。

覚醒は恩寵が来ると起こります。しかし、それはまだ答えではないかもしれない。ただ意識の目覚めが始まったところです。ですから、覚醒には始まりがあります。その覚醒の状態の中で修行をしていくことで、ついにその人は悟りに至ります。悟りというのは、自分が必要としている答えのすべてを理解することです。

覚醒=悟りではありません。覚醒状態がやってきたからといって、すべてを理解するとは限りません。悟りというのは覚醒状態がなくても、わかってしまえばわかっちゃう、しまうものですから、これは別物。覚醒というのはひとつの意識の状態です。悟りというのは自分における結論です。

私が皆さんに教えていることで、よく「意識はダブルだ」と言うのですが、今ある自分の意識が修行することによって悟った意識になるのではなく、私の中に二つの意識が在るということなのです。ひとつの意識は子どものころからずっと育ってきている私という意識、もうひとつは直感的に目覚めてしまった意識なのです。でもその意識は全宇宙とネットワークしているとも言える、超越的な意識です。これが両方とも私の中に存在しています。

しかし、極限までこのもともとある「私」を減らしていって、悟った意識が「私」だとなったときに、ついに自分のエゴのすべてを超越して、すべてのこの六道輪廻《ろくどうりんね》を解って脱することが解脱です。実態としての体の働きを極限まで無にして、「非実在である私」を極限までなくしていくというものです。

我々にとって一番大事なのは、別に超人になることではありません。我々が欲しいものは、この「なんともならない自分」という苦しみから抜け出すことです。このわからない自分とは何か、この世界が何なのか、私が安らかになる場所、私が平安になる場所は果たしてあるのか、を求めているのですから、そこで解脱の必要性はありません。悟りで十分だと思います。それだって十分神秘的であり、やはり恩寵です。明らかに自分で辿り着くものではないからです。明らかにギフトだということがわかります。そのギフトを経験したときに、自分が「あぁ、これが答えだ」となる、それが悟りです。覚醒していても悟っていない人はいるのです。覚醒は目覚めということであり、それは、既に起こっている場合がある。そして、目覚めが起こっていることに気づかない人もいます。

人によっては悟りより前に覚醒が起こることがあるだろうし、悟りと同時に起こる場合もあるだろうし、悟りの後に覚醒が来ることがあるかもしれません。どういう形で来るかは、人によるわけですね。

あのお方がやることだから、どんなパターンを取るかはわかりません。この世界の法則を捻《ね》じ曲げてもできるのです。

――チベット仏教で伝承されるゾクチェンの教えのように「既に皆悟っている」のであれば、悟る経験はないのではないでしょうか？

その答えと悟りの経験とは次元が違います。

絶対者の次元においては、あるということもないということも、ないのです。ここにおいては、すべてのものは「在る」。我々が認識しているように存在しているわけではないけれど、在る。

我々にとって悟りという体験は「在る」。でも、覚者からすると悟りという体験は「ない」。でも、これは絶対的な次元で語られているレベルだということです。

「問い」と「答え」が在るとき、それらは、それぞれ「方便」と「智慧」に分けて考えることができます。

問いは、いまだ智慧が発動していない状態なので、方便を必要とします。バクティは帰依《きえ》・信仰を通して答えに辿り着こうとするプロセスなので、「問い」に立脚した考え方です。それに対して、「答え」に立脚した考え方をするのはヴェーダーンタです。

ヴェーダーンタ、つまりアドヴァイタ（不二一元論《ふにいちげんろん》）にとって、絶対者という答え以外は何も存在しません。絶対者以外はすべて「マーヤー」（幻）です。修行や信仰などの方便も、基本的には「マーヤー」なのです。これは「答え」に立脚しているからこその答えであり、ここにおいては悟りすらもありません。

しかし、バクティにおいては方便という方法論を駆使することで、答えに辿り着こうとします。ヨーガなども、この方便のひとつです。ヨーガは何かというと、プロセスを大事にしています。実践をすることによって近づいていくというものです。

結果に立脚したものの考え方と、原因に立脚したものの考え方は、同じ次元に存在しているわけではありません。ですからバクタ（神の帰依者）とジュニャーニ（智慧者）は当然のことながらスタンスが違います。でも、修行者はどちらの感覚も得られるわけですから、あっちの次元に行ったりこっちの次元に行ったりするのです。

結果を見る人にとっては、悟りという現象はありません。悟っているのだから。ゾクチェンもその考え方です。サキャ派のラムデ（道果）では、道に入ったら悟りは存在するという考え方であり、ゲルク派は修行することによって悟りに近づいていくというものです。ですから、チベット仏教でも諸派によって悟りの捉え方は違うのです。

でも、我々にとって「悟りはない」と言って、この意識のままだとしたら、それはただの観念であり、なすべきことを放棄しているだけ。今までと変わらない人生になってしまいます。

――自分が悟れるとは思えないのですが。

私があなたに問いかけることができるとすれば「なぜあなたは今ここにいるのですか？」という問いです。

今、これに対する答えを全身全霊でわかっているのは私しかいません。それは、神の意志です。

自分が悟れるとか、悟れないとかの弱気はどこから来るのでしょうか。それは、信頼がまだないということです。信頼があれば、自分が今まで人生で与えてきてもらったものや、ある場所に行ってある人に会う、といった自分の体験が神によって与えられたものであると信じられるのです。

――悟ったらやるべきことはなくなるのでしょうか？

悟るということがどういうことかというと、一言で言うと「わかってしまう」ということです。「わかった」ということを「わかる」のは自分です。「わかったかも」はまだそこに至っていません。悟ったら一切疑問がなくなるからです。それが、私が言っている悟りです。

我々は毎日生活していますが、これは、寝て、夢を見ているような状態です。悟りの前段階である覚醒とは何かというと、目が覚めるということです。目覚めることから経験がはじめて起こってきます。実際の我々の経験も、起きて目が覚めたところから始まりますね。台所に行って水を飲んで、歯を磨いて、外出して経験して、そして一日の終わりにまた布団に入って眠ると、夢の世界に入っていくのです。我々はまだ夢の中にいるようなものなのです。目覚めが起こったことで、はじめて本当のことを経験し始めるのです。

意識が目覚めるというのは、善悪とは関係がありません。修行の世界でなぜ善悪をこれほど説くのかというと、若いルーキーのうちから正しい行いをするべきであるということを徹底的に教えこんでいくことによって、その人が目が覚めたときに正しい方向に行けるようにするためです。でも、それとわかることには、関係がありません。

物事には必ずソースがあります。このソースが光か闇かは見当を付けていくべし、と私は言っています。それが当たっているか間違っているかは気にしなくて良い、と。これはひとつのシュミレーションだからです。

わかっ、てい、る状態からすると、手に取ったときに、そのもののソースをバッと見るという感覚があります。普段、我々が何か食べものを口に入れる前に、においを嗅いで大丈夫かどうか調べます。命の危険が関わっているから、本能的に食べ物を口に運ぶ前に腐っているかどうかにおいを嗅ぐという動物的本能が働くのと同様に、覚醒者にとってソースが光か闇かを嗅ぎ分けるというのは死活問題です。生きるか死ぬか。なぜかというと、闇のソースだと闇のソースが入ってきてしまうからです。覚者といえども闇の世界に引きずり込まれるということはあるのです。

覚者はソースを嗅ぎ分けていきながらも、ミスチョイスが起こるわけですが、このミスチョイスもまた必然だとわかっています。ですから、それについてあれこれ考えることはありません。でも、そのミスチョイスが続けて起きたらそっちに行くべきかと思うかもしれない。ですから、変なグルはいっぱいいます。インドにも。なぜそんな変なグルが出現するかというと、光と闇の勢力は五分五分だからです。私は単純に闇に行きたくないので、なるべく光をチョイスするようにしています。

目覚める前の人は、光も闇も自由に出入りして、やられ放題やられているのです。目覚めた人だけが、それらを如実に経験するということですね。

ですから、悟った後、悟後の修行が一番大事だと言われるのはそこですね。悟るということによって、物事が明らかに観られるようになるからです。そうなったときにはじめて、我々の学びがスタートしていくということです。

――悟った後、その人の状態はどのように変化するのでしょうか？

悟りというのは、進化はせずに深化します。

例えば、ブッダの教えとイエスの教えの違いがあります。聖書の中で伝えられている教えは、ダイナミックだけど粗削りです。それは、イエスが三十歳だから仕方ないといえば仕方がない。イエスが八十歳くらいまで生きて、世の中のマーヤを理解して語ったのであれば、もっと柔軟で人々を導ける教えに深化していたのではないかと思います。

ブッダはさまざまなマーヤな出来事を経験しました。他のグループに狙われたり、ブッダの二大弟子は襲撃や病気で死んでしまったり、問答を受けたりといったことがあり、そういうものを経て、ブッダの教えはどんどん円熟していきました。

「わかること」と、「わかった状態で生きていくこと」はまた別のことになってくるのです。わかったときと死ぬ間際では、教えている内容は変わらないけれど、姿勢が柔軟になってきます。それは経験によって色々と理解してきているからです。


はじめの頃は、「これが絶対正しいんだ」と、強引に周りの間違った考え方をねじ伏せようとします。私もかつてそうでした。真理はこうだから、と。イエスなんかもそうでしたよね。

でも、私は今は色々な人が色々な考え方をするのが神のみこころなのだから、確かに輝く真理は存在しているけれど、その人がそれに従うかどうかは、その人次第ではなく、神次第ということがわかっています。

ですから、その人が真理に向かわないからといって、その人のことをとやかく言うのは神に対して喧嘩を売っているのと同じことです。ですから「私は神を信じないのです」という人がいたら「あぁ、そうですか」ということになります。

経験を通していくうちに、言っていることは変わらなくても、姿勢が変わることはあると思います。それらのことを神は私に経験を通して教えてくれます。マーヤにさせて、それを解かせ、なぜ神がそれをしたかったのかに導くことで、事の顛末を理解させるやり方、それが私が教えてもらったやり方です。私はその方法しかできないし、この方法でしか常にフレッシュな悟りの状態を維持することはできません。

この方法は神から直接教えてもらったやり方です。マーヤを解き、はじめは仮の真我に留まる努力をしていくうちに、いつのまにか本当の真我に到達して、「あれも真我だったんだ」という状態になるということですね。

――「無」の悟りで「死ぬときも何もないのだ」と虚無的に悟る人と、至福に包まれて亡くなる人と二種類の人がいるのもシナリオで決まっているのですか?

決まってないことなど何ひとつありません。

その人生でそれを経験して、その教えを生きます。ないしはその教えを流布させるため、といった目的があってそうなっています。すべてはバランスですから、ドヴァイタ（二元論）とアドヴァイタ（不二一元論）のバランスも取られています。

「ない」という状態で得られる至福もあるわけです。「ない」方で経験するのは至福かもしれません。「ある」方で経験するのは歓喜かもしれません。愛しむとか愛の歓喜というのはドヴァイタの方で経験するでしょう。それは、至福と歓喜の違いと言えるかもしれません。どちらにも役割があってそうなっています。


結局、悟ってないから自分の考えに固執したり、悟ってないからエゴに執着したりするのであって、「その自分の考えやエゴに執着をしている状態と、悟った状態とどちらを望みますか？」と言ったら、必ず皆「悟った方がいい」と言うと思います。でも、「悟りの方がいい」と言っておきながら、自分のアイデンティティに固執している人の方が多いのです。ですから私は「悟りがいいなら、ばかになれ」と言います。「自分なんかくそみたいなものだから、捨ててしまえ！」と。

結局、悟りや神の至福の方が何倍もの恩恵をもたらし、何倍もの意味があるのですね。その大きな恩寵の前では、我々なんてちっとも大したことのない存在だということです。ですから、「自分の考えなんて捨ててしまえ」ということです。「私がどうなろうとお預けします、あなたのみこころですべてやってください！」と言えるのが、本当に素直なところなのです。でもそれは少し怖い、勇気が要る、と思う人が多いようですが、それは自分に対する執着があるからそうなるのです。

ですから私は「神のみこころが行われ、そのみこころに従うことができますように」という、超妥協案的なお祈りの言葉を皆さんにお伝えしています。「みこころのままに」と言えるのが、本当は一番良いのです。ダイレクトですから。内容は同じですが、積極的か消極的かの違いがあります。前者は『みこころのままに』という強さを私にください」と言っているようなものです。

「みこころのままに」というのは、「こんな大したことのない私になんの企てがありましょうか。すべてあなたのご意思のままに。私のことはどうでもよいのです、あなたが好きにしてください」という祈りで、そのように祈れるのが本当は一番良い。でも、よほどの神への信頼と、神がすべてをやっているという確信がないと、人はそこまでいけません。

ですから、少なくともそこに近づくことができるように「神のみこころが行われ、みこころに従うことができますように」と言う。すると、一歩近づける気がする。

「みこころのままに」だと一言ズバリですね。
そのようにして神に委ねられれば、本当の幸福が得られるのです。

第二部

究極の答え

I　神

1 ただひとつの答え

絶対者の実相

標高二〇〇〇メートルを超えるヒマラヤの裾野の高地では、天空と表現されるように空が間近に迫り、視界を圧倒します。空気はどこまでも澄み渡り、その突き抜けた感覚は五感のすべてを圧倒します。濃紺の空、下界を漂う雲、湿度のない世界。それだけで意識を研ぎ澄ますには十分すぎる環境です。今でも眼を閉じると、いつでもその時空に戻ることができます。松の木を焚く竈《かまど》の香り、遠くから聞こえる声明《しょうみょう》、若かりし自分の五感に刻まれたこれらの記憶は今もなお、私の中で生き続ける源泉であり、私の人生という良き伴侶であることに間違いはありません。

若い頃に、インド、ネパールのヒマラヤ地帯で十年以上にわたって生活してきた私の感性は、現代の日本人からすると違和感として映るかもしれません。その理由は、インドという国があまりにも独特だからです。インドが持つ、他に類を見ない文化とエネルギーには特別なものがあり、八十年代初頭までのインドは今では考えられないほど、神秘に満ちていました。

当時のインドは地球上に存在する最も不思議な国のひとつであったと思います。

第一に、この国は呼ばれなければ行けないのです。もちろん、どの国もみこころがなければ行けないのですが、インドの場合はさらに「呼ばれる」という現象が必要なのです。呼ばれていないのに無理に旅行をして、酷い目に遭った人たちを私はたくさん見てきました。

さらに旅行中、三か月ごとに転機が訪れます。多くの人がビザの失効とともに免疫も切れ、日本では考えられないような病気を発症します。しかし、その病気をひとつふたつと乗り越えていくことは、インドという神秘なる国のイニシエーションであり、インドを深く理解するうえで必要な通過儀礼です。滞在一年を超えると、体の細胞までがインドに変容したかのようになります。ここからが真のインドの体験となり、すべてをインド的に見るようになってくるのです。まさに魂がインドに染まる経験です。

日本人からすると、少しげんなりするような経験ですが、そんななかでも、ヒマラヤ地方は暑苦しいインドとは異なり、風光明媚な場所が随所に存在しています。インドに染まりつつも、インドとは思えないようなヒマラヤは、私にとって特別な聖域でありました。そして、このヒマラヤは、生まれてすぐ臨死体験をした私という人間にとって、物質と精神のバランスをうまく取らせてくれる唯一の場所でした。そこには大きな霊と呼べるようなものが存在しており、その偉大なる何かは、未熟な私を護り救うエネルギーを持っていました。この聖なる場所に佇んでいると、唯一正気でいることが可能でした。一日のほとんどの時間を瞑想に費やし、休憩をとっている最中も山をぼんやりと見つめ、数珠を繰りながらマントラを唱えている毎日は、瞑想の中にありました。

そして、そのときは風景のように当たり前すぎて、気づくことができなかったその絶対的な存在は、今では明確に認識されています。

ヒマラヤのように偉大で、宇宙を凌駕するその存在。それこそが、私の人生の導き手であって、すべての疑問への答えだったのです。

絶対者と表現される神は、神の諸相のなかでも究極的な部分を言い表しています。絶対者は時空を超越しており、宇宙をも超越した存在です。光でもなく善でもなく、普通我々が考える神の状態をはるかに超えた存在です。時空や宇宙が創造される以前から存在し、顕現してもせずとも、絶対者がなくなることはありません。それは永遠不滅であり、あらゆる一切を超越しています。

そしてまた、顕現したのちも完璧なる一者として存在しているため、今、ここにも変わることない状態として、存在し続けています。我々が目の前にそれを認識すれば、たとえそれがどこであろうとも現実の存在として顕現します。

神を、天に住む髭のお爺さんのようにイメージすることで、我々は神の本性を見逃し、今、ここに存在する答えを見逃しているのです。もちろん、神は変幻自在ですので、髭のお爺さんとして現れるかもしれません。実際、私もそのような経験を、かつてしたことがあります。

この三次元というマーヤは恐ろしく、神が三次元で経験されると、限定的になってしまうのです。これは、時間が三次元の影響を受けると、直線的な流れになるという限定と同じようなものです。三次元の影響は凄まじく、我々に限定的な捉え方しかできないように仕組まれているのです。

絶対者の存在は我々の一切の観念を超えています。その存在の把握は、簡単すぎて、かえって難しくなってしまっているのです。すべてをややこしくしているのは、三次元に特有の限定性です。

私は子どもの頃から、神様によく話しかけていました。多くの人たちが似たような経験をしていたのではないでしょうか。多分、多くの子どもたちは神様という認識を子どもの頃から持つものだと思います。サンタクロースの存在もその表れのひとつだと思います。

子どもの頃は神様がどんな存在か、あまり気にしません。ただ漠然と神様がいる、私たちを見ている、といったニュアンスに疑問を持ちません。しかし、成長過程で脳が発達してくると、神様に対して疑問が生じてきますが、誰もその疑問を晴らしてくれません。そうこうしているうちに、神様の存在は忘れ去られていきます。

我々にとって馴染み深かった神の存在が薄くなっていくどころか、実際に「救ってくれない」といったような経験があれば、逆に神を忌み嫌うようになっていってしまいます。もちろんこれらは、実はマーヤの作用なのです。人間は、本来は神が在ることで幸せになれます。しかし、マーヤは、その神を覆い隠し、我々を不幸へと導いてしまうのです。

また、何度も繰り返しますが、憶えておいてほしいのは、「神」とは言葉であり、その存在を表すために使われる言葉です。しかし、私たちはその存在を言葉という観念を通して捉えてしまいます。せっかく、神が存在するにもかかわらず、観念で捉えてしまうことで、その意味は天と地ほどの開きを生み出してしまいます。ですので、「神とは」と考えたとき、それを頭で考えるのではなく、直感、感覚、心で感じてほしいのです。理解をするのは頭だけではありません。人間は魂で理解することができるのです。そこをしっかりと押さえておかなければなりません。

絶対者の遍在と認識

宇宙が誕生する前に何が存在したのかということを考えると、当然わからないわけですが、まず言えるのは、何もなかったのではない、ということです。なぜならば、無から有が生じることはないからです。例えば、真空の状態のボックスを観察し続けたとします。もちろん、数千年、数億年経っても、何も変化は起こらないはずです。

私の考えでは、この地球上の有機生命体ですら、どこか他の宇宙からやってきたと考えても不思議ではないと思っています。できたばかりの無機物しか存在しない惑星に有機体が生じるということは、考えにくいからです。

また、大乗仏教では、釈迦如来《にょらい》の前のブッダは阿弥陀《あみだ》如来とされていますが、阿弥陀如来は今を遡ること五十六億七千万年前に成道した如来であると私は考えています。同じように未来の如来は、弥勒菩薩《みろくぼさつ》が五十六億七千万年後に成道すると、弥勒如来となると考えられています。如来といわれる仏教における最高存在は、五十六億七千万年ごとに、出現すると推測されるのです。

この話は当然地球規模ではありません。今の宇宙のひとつ前の宇宙であったとも考えられますが、ＳＦ的に考えると、人類の祖先に当たるとも考えられるわけです。そうなると、我々はどこか遠い宇宙から地球にやってきたと考えることもできるのです。

そのように考えると、この人類の進化のプロセスというのは、地球上における進化ということだけでは語り尽くせなくなります。人類は「母」という命から生み出され、気が遠くなるほど長い時間をかけて、進化してきたのかもしれないのです。

我々は必ず親から生まれてきます。親がいない人間はどこにもいません。イエスを除いて我々は必ずこの原則の下にあります。そして、このルーツは辿ることができます。たとえ辿れなくなったとしても、その上には男女のペアが存在したということは皆、理解できます。それをさらに遡っていくと、原初の状態に辿り着きます。我々はこれを、宇宙発生以降の話として考えますが、私はそのようには考えません。私は、宇宙が発生する以前から有機生命体の元となる存在があったと考えています。さきほども述べたように真空には何も生じないからです。

人間存在を見ていて、突然変異的にこのような文明を持つ存在が地球上で生まれたと考えるのはあまりにも無理があります。すべてには原因が存在し、この我々の存在の原因は宇宙発生以前に求められると私は考えています。

この創造の源は、前作で述べた「母」ですが、絶対者や「父」、「母」の存在は、宇宙存在の創造以前から存在しているものです。

いくつもの宇宙が創造されては消滅することを繰り返すも、絶対者の存在は変わることなく在り続けています。

さらに、絶対者の遍在について考えてみましょう。

時空が存在する以前から存在する神をイメージしてください。ただ神のみが存在しています。そして、そこに時空が生じたとします。神と時空の関係が、どのようになるかというと、生じた時空は神と共に在るのです。となると、すべての時間と空間には、神が行きわたっているということになります。

我々が経験してきた人生のあらゆる瞬間にも神は在り、あらゆる場所にも神は在ったということになります。もちろん、これから先の未来も同じことです。

我々が神から離れて存在することはあり得ないのです。宇宙にも、自然界にも、人間界にも、家にも、学校にも、職場にも、電車の中、車の中、あらゆる一切の場所に神は存在しているのです。

ですので、それを理解し、神を現実とする人には神は現実となります。今ここにな く、どこか彼方にいると考える人には、どこか彼方にいるものになってしまうのです。せっかく神が今ここに在っても、そのように考えるならば、神が現実とならなくなってしまうのです。

神のない人生を送る人、神の在る人生を送る人、そして神を現実としている人生を送る人、それぞれに神は在るにもかかわらず、その認識次第によって、在るものもなくなってしまうのです。

人間にとっては認識がすべてです。認識されるものはあり、認識されないものはありません。

例えば、ある貴重な骨董品や美術品を所有する資産家が亡くなり、息子が相続をし

ました。見る人から見れば宝の山である資産家の遺産に全く興味のない息子にとって、それらはゴミの山にしか見えないのです。

これは簡単な話ですが、イスラム圏の寓話はもう少し高度です。

仲の悪い三兄弟を仲良くさせようと考えていた父親が亡くなりました。生前、父親は息子たちに、ここの庭に宝物が埋まっていると言っていたので、父親の死後、息子たちは協力して土地を掘り返しました。広い敷地を掘り返すのには時間がかかり、兄弟は協力しながらくる日もくる日も土地を掘り返しました。結局、宝物は出てきませんでしたが、共同作業を通して三兄弟は仲良くなりました。父親からすれば、これが宝物です。彼らは、宝物を掘りあてたのです。

このように、認識はその人の価値観に基づいており、人は千差万別ですが、この認識こそが、その人の人生そのものともいえるのです。認識があれば「在る」になるし、認識がなければ、いくら在っても「ない」になるのです。

私たちを成り立たせるのは認識です。神にしろ、自己にしろ、それらが認識されている人にとってそれは現実となり、認識されていなければ、それは現実ではなくなるのです。幸福だと思う者は幸福であり、不幸だと思う者は不幸です。認識がすべてを決定します。

ゆえに、肯定感に満ち、あらゆる失敗も不幸な現実も学びに変えていく思考の錬金術を持つならば、たとえどのような出来事であっても、我々に悪い影響を与えることはなく、人は幸福になることができます。社会の通念という物差しで自分を測ってはなりません。常に、これらの観念を超越し、宇宙的な視座で物事を観察しなければならないのです。それが可能となれば、我々は自己、社会を超越していくことができます。もはや、我々を貶《おとし》める力は存在しないのです。

絶対者の次元

絶対者の次元では、絶対者という完璧なるもの以外の何も存在しません。我々も、エゴも、自由意志も、カルマも、因果も、すべてはマーヤであり、究極的にはマーヤすらも存在していません。

そこではただ完璧なる一者のみが存在しているのです。

そして、絶対者が絶対的であるがゆえに、我々もその絶対の内にあります。絶対の他に存在するものは何もないのです。人間も絶対の内にあり、全世界も絶対の内にあります。

この「絶対」ということが真理の意味であり、もし、この絶対が絶対でないならば、真理は存在しないということになります。神々や精霊、天使など、人間世界とは異なった次元に存在する存在は、絶対ではありません。複数形で存在するものは結論も多岐にわたるため、答えとは言えません。

答えはひとつであり、ひとつであることに深い意味があるのです。答えがひとつである場合、結論は一択になります。これこそが答えの意味です。もし、いくつも答えがあるならば、我々は悩み、この答えで良いのか迷います。答えは常にひとつであるということが真理の意味なのです。

ただひとつの答えが存在している。これは、外を観たときには神、もしくは絶対者という形で観えます。インドの言葉を借りるとブラフマンです。また、自己の内に向かうと、アートマンになります。

しかし、これは単に認識主体である私が、どちらの方向を認識しているかの問題でしかありません。人間の認識活動は、自己の内か外の、ふたつしかありません。外を観れば神、内を観れば真我。どちらも結論は同じものなのです。しかし、この答えは観念で理解できるものではありません。

私にとっての真理とは、「神は存在し、かつ遍在し、さらにそれはやってくるものである」と表現できます。

「やってくる」というと、少しカオスな表現になりますが、「やってくる」という経験を通してはじめて、神とはやってくるものではないと理解したからです。神は私の内と外を分けるものではなく、それはすべてに遍在する。すなわち、我が内に神は在り、我が外にも神は在る。神のないところはどこを探しても見出せず、すべてが神の内で起こっていることにすぎない。また、この絶対存在がすべてをなし、存続させているため、私にできることは何ひとつとして存在しない。すべては神の必然性によって起こり、我々はそのみこころと共に在るだけである。さらに個というものは存在せず、個の視点から見るものはすべてどうでもよいものである。

これが、私の理解のすべてです。

絶対者の、我々を目覚めさせる力は、神の能動的な側面の表現であり、私は「恩寵」と呼びます。キリスト教では、聖霊と呼ばれています。聖霊とは覚醒力のようなもので、人に宿るとその人を目覚めさせます。

神は基本的には遍在するものなので、「やってくる」というようなことは矛盾しています。しかし、この宇宙は矛盾によって成立しているので、この矛盾を内包していて当たり前です。この世界が存在する限り、同じ神でも、動かぬ神と動く神が存在するという矛盾が起こるのです。

たとえるならば、扇風機で考えるとわかりやすいかもしれません。扇風機から来る風は扇風機が作り出した特別なものではありません。そこに遍在している空気を、ファンを回すことで風に変えているだけです。風は単なる空気なのです。

同じように、神が遍在しており、そこに意志が働くと、神はやってくるのです。このとき、遍在者である神は顕現することになるのですが、非顕現の状態では非顕現ゆえに、一切の形象を超越しています。そして、顕現すると、陰陽という現れ方をします。すなわち「父」と「母」となるのです。よって、神がやってくるというとき、神は「父」として現れます。永遠、遍在なる分離を超越した唯一者が「父」として我々の元にやってくるのです。

この「父」という存在は、「母」に比べると、神の本質そのものであり、絶対的な真理の現れでもあります。ただ、相対的なこの世界では、相対的に顕現します。そして、さらにそれが人に降りてくると、我々の意識は突如として神の意識として目覚めます。ついさきほどまで人間的な見方をしていたにもかかわらず、これが降りてくると、世界が神の観え方によって観えるようになるのです。

聖書でも、イエスの存命中、ほとんどの弟子たちはイエスが神の子であることは信じてはいても、わかってはいませんでした。それゆえの発言は随所に見られます。しかし、イエス亡き後、聖霊が降りてくると、イエスがそれであったのだと悟るのです。この光景は凄まじいです。これらもすべて神の計画ですが、この恩寵によって人が目覚めるという場面は、全宇宙がその人に落ちてくるような壮絶なるドラマを伴っているのです。

三つのフォーカス

我々が神を認識する際、外、内、現象の三つに分けることができます。外とは認識が宇宙に向かうことであり、内とは認識が自己に向かうこと。現象とは、日常への神の現れです。

夜、砂漠や海岸、山などで夜空を見上げて過ごしていると、夜空には星が瞬き、奥深い宇宙を目の当たりにすることができます。そこに意識を向けて過ごしていると、自分の意識も宇宙と共に拡大していきます。こういった時間は宇宙の無限性を感じると共に、何か大きな意識体というものを感じ取ることができます。

私は小学校に上がる前、よく母親にプラネタリウムに連れて行ってもらいました。プラネタリウムでのお話はほとんどが星座の話です。そして、星座とはギリシャ神話であり、神様の話です。プラネタリウムで販売されていた、『星座と神話』という本を買ってもらい、それは長らく私の愛読書のひとつでした。星座に興味を持った私は、子どもの頃から、夜空を眺めながらそこにいる神様に想いを馳せていました。東京の空はそれほど綺麗ではありませんでしたが、大体の星座としての星々は見えていました。インドで生活していたときも、夜空を見るのは当たり前のことでした。

このように、宇宙を見ることは、神に近づく方法のひとつです。

また、内に向かうとは自己に向かうことです。悩みに向かうのではなく、自分の存在そのものに向かっていくことです。自分の感覚にフォーカスを向けていくと、自己の存在に集中することができます。

成長するに従い現実での悩みごとが増えてくるので、このようなフォーカスをしなくなりますが、多くの人の場合は、シンプルだった子ども時代に、このフォーカスをしていたのではないでしょうか。

私の経験で言うと、とにかく人間としての自分が不思議に思えていました。「これはいったいなんだろう?」と考え続けたものです。また、『恩寵の力』でも書いたように、仏像やインカのミイラにも取り憑かれていましたので、自分の部屋の壁に貼ったミイラの写真を見ながら、「人間とは何か?」ということを考え続けていました。

しかし、この頃楽しかったのは、ミイラを見ながら、自分の存在のことを考えていると、ボーッとしてきて、キラキラして気持ちが良くなることでした。「私が何者なのか?」を問うことは、もうひとつの重要な方法です。

人間は成長してくると、たくさんの出来事に見舞われ、現実しか見えなくなってきます。しかも、その多くが悩みを伴い、生きている理由よりも、現象面での幸せを求めるようになってきます。

ここで、多くの人は真理からは遠く離れ、煩雑としたマーヤな日常に囚われていきます。

ですが、これらの現象的な出来事の経験を積み重ねていかないと、人間として成熟することができません。神が我々に望むのは、このような経験を通して我々が人間として成熟していくことです。そうでなければ、我々が人間として存在することに全く意味がなくなってしまいます。


しかし、これらの日常的問題は、我々に疑問を投げかけます。そしてこれらの解決策を思索するうちに、我々は再び真理に向き合い始めるのです。

ところが、自己に向き合おうとしても、もはややり方がわからなくなっています。多くの人は子どものときには自然にできていたことですが、そのやり方を思い出せず、新たな「自分探し」という、今まで積み上げてきたマーヤと何ら変わりない現象界の取り組みに終始します。

しかし、これをさらに超えていくと、自分に起こってきた数々の出来事が、どうやら仕組まれていたということに気づくのです。こうして現象を遡っていくと、必然性に辿り着きます。

さらに、そのみこころを遡っていくと、「法」に辿り着きます。

2 絶対者と法《ダルマ》

法 ――ダルマ――

法とは、犯すことのできない法則であり、世界を支配するものです。それぞれの国に存在する法律も、その法によってその国を維持するために必要な律です。

この法とは、そもそもの始まりより存在しており、不変不滅なプログラムです。宇宙が顕現していない段階において、神は顕現していませんが、存在しています。神はただ顕現していないだけです。この神のみが存在している状態では、神と法は一体の状態です。

この、一見何もないような状態から神による創造が行われると、その創造は法というプログラムに則って顕現していきます。その最初の顕現が、創造神としての顕現です。インドの言葉を借りるならば、ブラフマンからイーシュワラが生じる、ということになります。イーシュワラは創造神なので、この創造神から、万物が創造されます。私が言う「父」と「母」です。

創造が起こると、現象世界が顕現するため、法そのものも現象という形で顕現します。しかし、絶対者は変わらぬ状態を維持しています。法は顕現し、創造主も顕現しても、絶対者は顕現していない状態です。絶対者にとって顕現するかしないかは関係なく、はじめと変わらぬ状態なのです。ある意味で絶対者ならではの絶対感がそこにはあります。

繰り返しますが、法は原初においては存在するものの、顕現していないので、法として認識されることはありません。しかし、創造が起こると、創造は法に則って展開されるため、創造そのものが法であり、これが「法が顕現した」という意味になるのです。

例えば、コンピュータはプログラムによって成り立っており、すべてがプログラムの顕現です。しかし、我々の目には、画像や文章として映っています。ですが、実際にそれを顕現させているのは文字の羅列のようなプログラムでしかないのです。

同じように、この世界で見えているすべての現象は、我々の目には形になっているけれども、法のレベルでは、文字の羅列のようなプログラムでしかないのです。

このプログラムの状態は物事が顕現しようがしまいが関係なく、そもそもの始まりから存在しています。しかし、創造主によって世界が顕現すると、プログラムは現象という形で顕現するということなのです。

現象世界は創造の最終形態ですが、イーシュワラはこれらの創造をすべて法というプログラムに則って執り行います。

また、展開し続けるこの世界も法に則って展開されるのです。これが、すべてがみこころによって展開する理由です。

必然性という理解は簡単ですが、その背後にはこれらの仕組みが存在し、それをすべて把握するということが、正しい必然性の理解へと繋がります。すべてがただ必然的に起こると考えただけでは、単なる観念になってしまいます。これを観念ではなく、実体験とするには、このすべての一体化した宇宙の法則を理解する必要があるということです。

神の創造は不完全なものではありません。よって、完璧な形で展開していきます。完璧な展開とは、始まりも終わりもなき完璧なる神の在り方です。

それは、たとえるなら真円です。始まったものは既に始まっており、終わったはずのものもいまだ終わっていないという、始まりと終わりを超越した存在です。それが顕現すると、この顕現された世界も完璧さを基としています。よって、不完全に見えるこの世界も実は完璧な顕現なのです。

ということは、神の創造は完璧でありつつも、マーヤの法則の影響下で、完璧さがひたすらループする状態となります。つまり、宇宙は何度創造されようとも、同じことが繰り返されるのです。我々という存在は現時点で瞬間を生きているように見えても、この瞬間は繰り返されています。タイムループしたこの世界は、ひたすら完璧さゆえにループします。

マーヤの世界にいる限り、我々はループから逃れることはできず、ひたすら同じことを繰り返すことになります。

私が捉える解脱とは、このループから脱するという意味であり、六道輪廻からの解脱ではありません。天国に生まれるとか地獄に落ちるとか、その観念はそもそもマーヤです。人間は天国にも地獄にも行きません。生まれながらに我々は完璧なる存在です。ただ、目覚めない限り、我々はループし続けるのです。そして、このループの原因となるマーヤの根源は因果の法則であり、この因果の法則や、この我々の時間軸を超えていかなければ、我々は永遠にループし続けてしまうのです。

しかし、これはすべて法によって定められており、必然的な法則なのです。この瞬間とは法ゆえに完璧です。しかし、またこの瞬間とはマーヤゆえに刹那的です。この完全と不完全である状態が共存し、均衡を保つのが宇宙です。

少し話はずれますが、完璧には対義語がありません。完全に対しては不完全がありますす。なぜ完璧という言葉に対義語がないのかというと、完璧は完璧の反対も凌駕した状態を指す言葉だからです。完璧に対義するものは存在しないのです。

例えば、皆さんが朝起きて飲む一杯のお茶。その瞬間は法によって定められており完璧です。しかし、どのお茶を飲むかなどの選択もします。私の意志で紅茶を選んだと普通は解釈しますが、その日に紅茶を飲むことは無始以来決まっていることです。

しかし、マーヤゆえに選択をしているという感覚を覚えるのです。完璧である状態にもかかわらず、マーヤによって自分の選択があるという不完全なる観念によって我々の認識は支配され、結果的に宇宙は均衡をとるのです。

なんともまどろっこしいやり方ですが、完璧であるものに不完全さは入り込む余地が全くないので、我々の不完全なる認識、観念を使い、不完全を実現するわけです。こうして宇宙は維持され、このような形で完璧さをとっているのです。なんとも凄い仕組みです。

そしてまた、このプログラム自体も、不完全なように見えて完璧に存在しています。私はかつて、神意識の状態で完璧さというものを理解することで、神も法も起こる出来事も完璧であると理解しましたが、人間的なマーヤなレベルまで降りてくると、人間の日常がどう見ても完璧には見えないので、神に尋ねたことがあります。そのときに私の中に降りてきた結論は圧倒的でした。その答えは、「お前の問題ではない」ということでした。その後、この結論に対して熟考してみましたが、やはりどう考えても私の問題ではないのです。なぜならば、私がプログラムを創ったわけではないからです。プログラムの不具合などは、プログラマーの問題です。

なぜ、法が存在するのか、どのようにしてプログラムが実行されているのか、なぜ、無意味と思えるような出来事が起こっているのか。これらは、我々の問題ではなく、神の問題なのです。私たちはひたすら、自分に起こる出来事に対処するのみです。

わからないことに対してわかろうとすることは徒労であり、わかるべきことに対してわかろうとするのが、間違いのない方法です。

私たちにとって必要な理解は、神や法を理解することにあるのではなく、それらが、実際に存在し、それを通して私が存在し、その私に何が起こっているのかを悟ることです。

神や法というものは、人間には理解できないものです。

たとえるならば、両親は大人であり、家族を養うためにさまざまな問題を抱えており、子どものいないところで悩んでいたりします。しかし、両親が何を考えているかなどは、子どもには関係のないことです。子どもからすれば、ただ、自分にとっての両親は優しくあってほしい、いつも一緒にいてほしい、に尽きます。このように、子どもである我々人間からすれば、親という存在があることが明確であれば良いのです。

そういう意味では、我々人間は宇宙の孤児のようなものです。親がいないわけではないにもかかわらず、その親は認識されていないがゆえに、親がいないという前提で成長するからです。

このように、我々は我々に与えられている条件のなかで、我々が理解するべきことを理解することが大切であり、自分には自分の、他者には他者の知るべきことがあるので、その人と自分を比較する必要はないのです。あくまでも大切なのは自分の学びということになります。

この宇宙が存在し、この世界が存在し、私たちが存在する。確かに、すべてが共存し、お互いがお互いを支え合って、この世界は存続しています。しかし、私が存在するという事実はあくまでも私自身にとってなのです。その意味では、私が宇宙の中心であると言えます。私の代わりを生きてくれる人は誰もいません。私にとっての世界とは私を中心に回っており、私がなくなれば世界もなくなります。私が在るからこそ世界は存在し、私が在ってこその宇宙です。

ゆえに、答えは私の中にしか存在しません。他者との比較も無用です。あくまでも答えは自己の中においてのみ存在するのです。

愛

神を語るうえで、もうひとつの大きな特徴でもある愛について説明します。愛は相対的な部分も多々あるので、マーヤ的でもあります。しかし、神の経験をするとき、我々はかつて経験したことのない愛を体験します。宇宙全体が愛によって満たされている充実した感覚です。神とは愛であると言い切ってしまいたくなるような、かつて経験したことのない愛です。

神の性質には、愛の他にも智慧や力といったものが存在し、すべての要素が一体となって存在します。本来神においてすべてはひとつの状態であるので、このような分類に意味はありません。ただ単に、人間にとって愛とか智慧とか力という表現をしないと、その意味がわからないというだけです。

本来の神の性質は人間に理解できるレベルにはないのです。ただ、神のひと触れによって、その存在の一端に触れるとしか、言いようがありません。

あくまでも、経験するのは自分という主体ですので、こればかりは人によって異なった経験をします。正解、不正解ではなく、人にはそれぞれの役割と、存在意義があるということです。

神の愛を経験するとき、我々は経験する側の認識として経験します。つまり経験主体である我々がそれを愛として認識するのであって、神が愛しているのではありません。神は愛そのものであり、神からすれば特別なことではありません。いつも笑っている人はいつも笑っているから笑っているのであって、わざわざ笑っているわけではありません。彼は望まれなくても勝手に笑っているのです。

このように、神は常にただ愛です。わざわざ愛するのではなく、誰に頼まれなくても、神の存在は我々から観れば愛以外の何ものでもないのです。

「母」の愛について、前作『母の力』で述べましたが、「母」の愛は作用のある愛であり、流れる方向があります。我々に向かって流れてくる愛です。マーヤの次元でマーヤの性質を受けてマーヤ化した愛です。これが、「誰かを愛する」という我々の世界の愛の基になるのです。

しかし、神の愛はマーヤを超えているので、その在り方は愛とは呼べないかもしれません。私の経験からすると、私が「愛である」と認識しているにすぎず、愛という言葉を超えた、より大きなエネルギーなのです。その存在は、それによって満たされており、それがそれの本質でもあり、すべての観念を超えたものである、という表現しかないのです。

この絶対的な愛は、我々がもつ限定的な愛とは異なります。

我々の愛はある特定の人を愛するように作られています。もちろん、これは神のプログラムです。みんなのことを愛するとややこしくなるからです。人間が持つ愛は限定的であり、我々はこれしか知りませんので、神が愛したり愛さなかったりすると勝手に思い込みます。悪いことをしたら神に嫌われるという、誤った認識です。

しかし、神の愛は限定されていません。神は誰から望まれなかったとしても、その存在は愛以外の何ものでもないのです。そもそも、我々が持つ愛という感情はどこからやってきているのか。これすらも神のプログラムに存在するものなのです。

よって、神を体験し、神の性質がその人に宿ると、その人間は限定的な愛から、普遍的な愛を宿すようになるのです。それゆえに、神の体験を得た者は、神の愛の体現者となるのです。

この神の愛と人間の愛は、時間の存在と同様に、三次元というマーヤの影響を受けることで限定的になってしまうのです。本来の愛とは、時間同様に限定的ではないのです。


私は光源のない光というものをよく体験しています。

私の感覚からすると、この光の経験をしているときには、強烈な神の愛をも同時に経験しているので、この光と愛というのを分けて考えることができません。

これはあまり良いたとえにはならないかもしれませんが、説明してみます。

普通、光とは光源より発せられるものです。しかし、ある種の神の意識状態では、光源がないにもかかわらず、全体が光っているという感覚を経験します。

この世界に発生源を持たないものは存在していません。必ず、何かしらの発生源を持つのがこの世界の理《ことわり》です。しかし、神の世界では、光源なく輝いている空間というものが存在しています。もちろん神こそが光の発生源なのですが、神は全体なので、我々からすると神から光が発せられているようには見えないのです。光を見ているという状態と、光の中に在るという状態では、光の中に在るという状態に近いかもしれません。

光の中に存在していると、自分自身が光源と同じものになります。しかし、自分が光っているのではありません。なぜなら、私がそれになったと認識したとしても、その光は私がそれになる前から既に光っていたからです。そのため、その空間では全体が既に光っているのです。


神は光ではないと言いましたが、その存在は光と闇を超越しているので、光でないのが当然なのです。ただ、我々によって神が経験されるとき、光として認識されることは多々あります。だからといって、神＝光ではありません。この理屈は、わかいいわかります。しかし、神はときとして光として認識されます。

この理屈と同じように、神の愛には方向性がありません。神の愛を認識したときには既に神の愛が存在し、その愛を認識した私は、その愛になっているのです。

誰かに愛されるとか、誰かを愛するというような方向性のある愛ではない、はじめから存在する愛というものを、我々はここではじめて体験するのです。

まとめてみると、その愛ははじめからそこに存在し、愛するという行為さえ超越しており、ただ愛として存在している。我々は方向性のある愛しか経験したことがないので、この真の愛の状態を理解することができない。

しかし、ひとたび、この神の愛を経験するならば、自らがその愛とひとつになるため、それがそもそものはじめから在ったのだと気づく。愛することなき愛、愛されることなき愛、それが愛の本質であり、究極の愛である、となるのです。

わかりやすいような、わかりにくいような表現ですが、なぜわかりにくくなってしまうのかというと、それはマーヤのせいです。実は、とてつもなくシンプルなことなのです。

神の行為

神は何かしてくれるわけではありません。しかし、神は人類を常に救済しています。この矛盾した表現は、私たちの側に問題があるからです。それは、私たちが真の救済がどういうことなのかということを、理解していないからです。

人間は、目先の問題を解決することが救済だと勘違いしています。しかし、真の救済とは魂の救済であり、現象の救済は関係ないのです。よって、神に現象の解決のために祈ることは無意味です。その視点からすれば、神は我々を救うことはありません。しかし、現象の解決のために祈ることが神に向かうこととなるならば、祈らないより祈る方が良いとも言えます。解決を祈りつつ、結果は委ねるということが大切です。

結論として神が我々に見せるものは、神が絶対であり、それが答えだという究極的なものです。

我々はマーヤによって、認識を違えさせられています。

本来、起こるべき出来事はすべからく、私たち自身の成長のために起こっています。人間は苦難を通してしか学びを得られないからです。これは必然的です。暑ければそこから逃れようとし、寒くてもそこから逃れようとします。これはすべての動物の本能です。人間から見たら下等な昆虫ですらも同じです。苦しみから逃れようとする本能は皆一緒なのです。

しかし、人間は、この苦しみの経験を通して学ぶという性質を唯一持ち合わせています。また、人間だけが、出来事から教訓を得るという資質を持ち合わせているのです。このような学びの蓄積がのちに智慧へと変換されていきます。現象を救済してもらおうとしても、神は何もしてはくれません。「正しい学びを与えてください」と願うことが正しい願いなのです。

法で説明したように、出来事は法によって定められています。ただ、それが顕現しているだけです。しかし、それがただ起こっているのかというと、そうでもありません。

世界の存在の意味というのは、私という存在認識と深く関わっており、これを理解するためにすべては起こっているのです。別の捉え方をするならば、世界の中心は私であり、すべては私のために起こっているということです。なぜならば、すべての認識は私によって起こっており、私がいなければ私にとって世界は存在しなくなるからです。

ここが、人間の思考の限界になります。なぜならば、人間の思考は、もし自分が世界の中心ならば、他の人は脇役にしかならなくなるからです。しかし、神の世界では、全員が主役です。人間は全員が主役になるわけがないと思ってしまうのですが、神はすべての人と同時に繋がっています。およそ人間には考えられないことです。同時に全員と繋がっており、全員を導いており、全員に対しての答えであるのです。

人間は三次元に存在し、行為には限界がありますが、神は三次元を超越しているので、限界がありません。人間にできることは限られていますが、神はすべてをなすのです。

よって、完璧にこの人とあの人をクロスオーバーさせ、それぞれに必然性を与えながら、全員を完璧にコントロールできているのです。神の神たるゆえんです。

精密機器に無駄な部品がなく、すべての部品の力を得て動くように、全人類のそれぞれの活動の繋がりを得て、世界は展開しているのです。それぞれの人は世界を動かす歯車なのです。

これらの話は人によってはにわかには信じ難い話かもしれません。しかし、それもみこころなので、それでも構わないのです。これは信じる信じないの話ではなく、みこころなのです。人によってはこの仕組みを信じることで救われるかもしれません。しかし、大切なのは経験です。百聞は一見にしかず、です。

私自身もかつて、今、私が話しているような必然性という話を信じていませんでした。人生のあらゆる目標は、努力を通して獲得するものだと信じていました。

しかし、神の体験をした途端にこれらのすべての仕組みがわかってしまったのです。

ですので、私の経験からしても、信じることは大切でもありますが、信じることと、真理を体験することは決定的に異なるのです。

ゆえに、皆さんがどのように捉えるにしても、それは自由であり、私からすれば、それが必然的なことなのです。みこころを信じても良いし、信じなくても良いのです。重要なポイントは、どのような結論であれ、結論は自己の体験によらなければなりません。他人の言うことを鵜呑みにするのは正しいことではありません。それぞれの人にそれぞれの体験があって然るべきなのです。ですので、自分のやり方で、自分が信じたやり方で、ゴールを目指せば良いのです。

どのような結論に到達するにせよ、すべての人間は幸福にならなければなりません。あらゆる努力は個々の幸福のためにあるべきです。皆さんがどのような結論に至って幸福になるのか、それは神のみぞ知ることです。

そのために、みこころを信じるということが役立つならば、このアイディアを取り入れてみると良いでしょう。

意識の変容

どのような修道の道を選択したとしても、その道を歩んだ果報を得ることはできます。瞑想であれ、祈りであれ、真理の探究と修練を繰り返すならば、実りがもたらされるものです。

真の目覚めを経験するときは、肉体と魂の分裂のようなものが起こります。私にとっては自分の経験なのでマーヤではありませんが、皆さんからすると、しっくりこないと感じられるかもしれません。常に他人の話はマーヤだと思っておくことが大切です。

そのような前置きが必要な話ですが、肉体と魂の分裂というのは、意識が本来の速度で機能する、という意味です。

意識の本来の速度は、この三次元的肉体速度とは異なります。もっともっと速いのです。この地球の尺で考えると、一瞬で行きたい国のどこにでも行けてしまう速度です。それが意識本来の速度です。

事故に遭った多くの人が経験することでもありますが、「危ない！」と思った瞬間から、時間がスローモーションになり、どんどんゆっくりになっていき、最後に時間がカチッと止まるのです。その瞬間、魂が肉体から飛び出し、自由に飛び回ることができるようになります。このような経験は普通なかなか起こらないものですが、瞑想や探究と共に生きていくと、恩寵によって起こるものなのです。

では、このような出来事が起こっている間、我々に何が起こっているのでしょうか。私の解釈では、普通、我々は過去から未来へと流れる時間の中に存在しています。これを、横の時間と考えると、縦の時間というのが存在するのです。

縦の時間とは、その一瞬という静止した瞬間が縦に無限に存在している状態です。時間が止まる経験をするというのは、縦の時間の流れに入り込むことになると私は考えています。

もし、縦の時間が存在しなければ、過去は経験された後、消えてなくなるはずです。過去が今も存在しているのは、縦の時間が存在しているからなのです。この、横の時間と縦の時間が存在することで、時間は球体のような状態になります。これが、時間になるわけです。

この縦の時間は、横の時間に存在する我々からすると、「止まっている」と認識されますが、その時間の状態に入り込むと、時間を飛び出すような形になります。時間のない世界です。そして、この時間のない世界を経験しているとき、我々は肉体という愚鈍な状態を超越し、時間や三次元特有の空間、また重力などの影響を超越できるのです。時間は依然止まったままですが、意識は自由に飛び回ることができると共に、宇宙の真理である神と繋がることができます。

そして、神と繋がると、すべてを神の目を通して観ることができるようになります。

こうなると、横の時間の中に存在するものがすべてマーヤであると認識されます。我々が普段生活している世界がマーヤ以外の何ものでもないと理解されると共に、すべての起こる出来事が必然的であると理解されます。すべての存在があるべき場所に存在し、すべての存在がなすべきことをなしていると理解できます。すべてが機械のように連動し、我々一人ひとりが歯車となって、宇宙全体を動かしているのです。

もはやこの理解を得るならば、不滅の境地に到達します。自らがなした行為は神によってなされており、私たちは無に等しい状態です。真に委ねるという意味を理解し、神に対して完全降伏します。

私は在るけれどもなく、在るのは神のみという宇宙の完全形を、ついに観るに至るのです。

Ⅱ　みこころ

1 完璧なる配剤

私にとって「みこころ」の体験は衝撃的なものでした。

たとえるならば、私たちが映画を見るとき、スクリーン上に投影された映像を見るわけですが、みこころの体験とは、スクリーン上に映し出される映像の原因となるフィルムを直接見るような体験です。スクリーンに映し出された映像は、その瞬間にそのひとつの映像のみが存在します。しかし、フィルムを見るという経験は、その前後も含めて、フィルム全体を見る経験と表現できます。

すべての起こるべき出来事が然るべくして起こっている、というこの経験は、圧倒的であり、思考による理解を完全に超えています。自分の一挙一動がすべて決定しており、自分の僅かな動きでさえ宇宙全体と連動しており、完璧なのです。

例えば月に向かって人差し指で手招きすると、月はそれに反応するといった感覚です。しかし、普通月は手招きに応じません。その理由は自分に自覚がないからです。宇宙と連動していて、月が自分の手招きに反応するという理解があってはじめて起こる理解です。

しかし、この理解を得るためには、このみこころの体験がなければ、そのように理解することはできません。すべては知るということから始まるのです。

みこころ、つまり必然性は、決定論、運命論、宿命論と、さまざまな呼ばれ方をしますが、そもそも私もこのような考え方を信じてはいませんでした。

私の師匠ミンリン・ティチェンはよく、出来事は自動スケジュールだ、と言っていましたが、当時の私にはよく理解できてはいませんでした。

やはり、人間は実体験を伴わなければ、荒唐無稽に思われるような考えを理解することはできません。特にみこころのような考えは、このマーヤの次元に生きていれば、全く理解できなくて当然です。


しかし、必然性を示唆するような不思議なことはたびたび起こります。

私がまだインドにいた若かりし頃は、直感的に次の場所へと移動していたので、明確な目的地があったわけではありません。そうすると、必ずといって良いほど、人々との不思議な遭遇が起こるのです。まるで、すべてが必然であるとでも言わんばかりに、出逢うべくして出逢う、という体験をするのです。当時も、これらの出来事をさすがに偶然とは見なせませんでした。

人生とは、人と人の繋がりによって展開します。日本のような社会に生きていると、面白い出逢いはなかなか起こらないので、人生が人との出逢いであるという感覚を持つのは難しいことです。

我々一人ひとりは「個我」というカルマのプログラムに則って人生を歩むので、そこで出逢う人々の繋がりは必然的に定められているのです。そして、この全宇宙の繋がりを完全にコントロールしているのが、法の力であり、神の御技《みわざ》なのです。

私にとっては、私をインスパイアしてくれた人々との出逢いや、グルたちとの出逢い、それらすべてが、私の今の在り方に繋がっています。

自由意志はない

ある予知能力者は、未来にいくつかのヴィジョンが見える理由は、本人がどのような選択をするかによって未来が変わるからであると表現しますが、本来、自由意志があるならば、未来は全く見えなくなるはずです。なぜならば我々は瞬間瞬間を生きており、それが選択のうえに成り立つならば、そこには無数の選択が生まれ、未来に数え切れないほどのバリエーションが出来上がってしまうからです。

もし仮に、いくつかのヴィジョンが見えているとするならば、たとえそれが相反するヴィジョンだとしても、そのヴィジョンが見えるという時点で、それらは既に決定しているということです。そこに自由意志が入り込む隙はありません。

そのいくつかの未来は神によって既に用意されており、そのどちらが現実になるのかは我々の選択ではなく、神の選択なのだということです。しかし、もし、どちらかが現実となった場合に、もうひとつの未来は消えるのかというと、パラレルワールドのような異なった時空間で現実になっているかもしれません。もしくは、そもそものはじめから、いくつかのヴィジョンというのはパラレルワールドのヴィジョンかもしれません。いずれにしても、そのヴィジョンが見えているという時点で、それは決定しているから見えているということです。決定していないものが見えるということはあり得ません。


私たちは人生という流れに乗って、この人生を流されていきます。この流れがどこに向かっているのかがわからず、人生は疑問に満ちていますが、神はすべてを理解しており、我々をどこにどう運ぶか既に計画済みです。

一元論や二元論、無我や真我を論じることでさえ、それを論じるように仕組まれているだけです。このような哲学的な課題に没頭していると、神の必然性など、子どもじみて見えたりもします。現象はない、すべては幻である、このような捉え方は確かに間違いのない結論でもありますが、そのような思惟《しい》に至らされているのは、神のみこころあってのことなのです。みこころを超えて起こることは何ひとつとして存在しないのです。どのような聖者が何を言おうが、哲学者が何を思索しようが、すべては決定していることなのです。

大切なのは、その神の計画とも言えるみこころを明確にすることです。

「今ここ」や、デジャヴ、シンクロなど、精神世界でよく使われる単語も必然性から来ている言葉です。「今ここ」が偶然起こるなら、それはなんとも中途半端なものになってしまいます。「今ここ」は完璧なる瞬間であり、その完璧さは、必然性によって裏打ちされるのです。

デジャヴで見た記憶のある場面や、シンクロした人や物と共感する瞬間は、すべてその瞬間が完璧であるという証明です。すなわち、すべての瞬間が完璧であるという意味であり、その意味するところは必然性なのです。

答えとは完璧さであり、完璧さに偶然が入り込む余地はありません。すべては神のみこころによる、完璧なる配剤なのです。

私の場合は、子どもの頃から数分続くようなデジャヴをよく経験しました。この後誰が何をするのか、何を言うのかという一部始終をすべて知っているのです。この現象ははじめは謎でしたが、必然性を理解してからは、すべてが神の次元ではもう既に完成されていることであり、起こる出来事はすべて必然的なのだと理解したことで、すべての合点がいきました。

この世界は人間にとって計り難いものであり、わからないようにできているのですが、たまに、バグのような現象が起こり、その仕組みが漏れてしまうことがあるのです。それが、デジャヴやシンクロということになります。

人間が認識できる今のこの瞬間は、完璧なのです。瞑想をしていて、またはぼうっとしているときにこの瞬間が完璧だと感じるならば、それは完璧さからの答えであり、すべてが必然であるという真実を物語っているのです。

必然性の理解

必然性にはいくつかの理解の仕方が存在しています。

さきほどデジャヴで述べたようなものは、直感として必然性を理解するものであるのに対し、認識をすることで理解を得るという方法もあります。

過去の完了した出来事に関しては、すべての出来事を必然性として見ることができ、かつ、その目的と理由を理解するならば、その出来事の目的は達せられます。これが過去を必然性として理解する方法です。

また、現在起こっている進行形のものに対しては、「今、自分は何をわからなければいけないのか？」という命題にフォーカスをします。

もちろん、神の存在が明確で、意識が澄み渡っており、すべてが必然的に起こっていると理解できている状態にあるならば、このような念想は必要ありません。

しかし、意識がぼやけている状態にあるならば、何かわからなければならないことがあるということは明白です。そこで、「何をわからなければならないのか」という命題にフォーカスすることで、わかるべきことが次第に明確になってくるのです。

未来に関しては、起こるべきことが起こりますが、今、考えてもわからないことなので、委ねるしかありません。しかし、未来における必然性の見当を付けたければ、推論を通して行うことが可能です。

例えば、五年前に完了した出来事が現在は次の段階に入っているならば、現在との関連性があまりないため、これを単体として扱うことができます。もちろんその過去の経験が今に繋がっているのですから、関連性がないわけではありません。過去世の自分が死ぬと、過去世での人生は終わりますが、今生では過去世の影響が必ず出ます。このように、関連性を持ちつつも、過去世での出来事は既に終わったものとして扱われます。

しかし、直近の出来事は、過去は過去でも現在に繋がっているため、この場合は進行形として捉える必要性があります。これは、未来に関しても同じことで、すぐ先の未来は現在の関係性と密接に関連しているので、この場合は進行形として捉え、数年後の先は推論として、必然性を解きます。

また、必然性が起こっていくプロセスでは、物事が起こるべき方向に向かっていくように流れていきます。夢の中で起こる出来事のすべてがただの夢であるように、この世界で起こっているすべての出来事がみこころの中で起こっているということなのです。

悪夢を見ている人を悪夢から救うには、その人を起こすしか方法がありません。それと同じように、このマーヤという世界から救われるためには、目覚めるしかないのです。目覚めた人が「なんだ、すべて夢だったのか」と思うように、「すべてはマーヤだったのだ。すべてはただ、みこころの中で起こっていただけなんだ」と認識されるのです。

この、「みこころをわかってしまう」ということは、人間の認識活動にとってこの上のない理解なのです。

しかし、現実を歩むうえで、必然性を口実にしてはならないのです。必然性をわかってはじめて、真のみこころの意味を理解できます。それまでは観念です。観念で必然性を捉え、「どうせすべて決まってるんだ」と考えることは間違いです。

単純にすべてが決まっているという問題ではなく、そこにどれだけ神の完璧さが存在するかなのです。決まっているかいないかではなく、神の絶対性の理解です。その完璧さを真から理解し、自己の明け渡しの精神があってはじめて、神のみこころに委ねられるのです。

行為と無為

すべての現象がみこころという必然性によって起こるならば、努力することとの関連性はどのようになっているのか。その辺りをお話ししてみたいと思います。

必然性と努力は矛盾しますが、たとえるならば、飛行機に乗っているときの感覚に近いものがあります。高度が高ければ高いほど、景色は漠然と見えていますが、着陸時などに高度を下げていくと、建物や車など、色々なものが見えてきます。

意識が高い神の次元で働いていると、現実は俯瞰《ふかん》され、全体がひとつの機械のように一体となって動いているように観えます。すべてがただ必然を全うしているだけです。しかし、神の意識から人間の意識に下降してくると、現実がより現実として見えてくるために、選択や努力が観念として生じてくるのです。

答えが存在する次元において、努力は存在しません。すべては必然性からやってくるのです。しかし、このマーヤの次元では、我々は行為をしなければなりません。また日々いくつもの選択を迫られ、我々はこれをこなして生活しています。

問題は、時間の存在に関係しています。時間が存在する限り、現象は起こり、それに則って我々は選択をすることになるのです。

しかし、あらゆる選択も、実際は選択しているわけではなく、ただ起こっているのです。これは必然的な出来事なのです。これらは相矛盾する道理ですが、宇宙においては矛盾しません。なぜならば、宇宙とは矛盾を包括しているからです。このカオス的な真理は理解を超えています。

我々は選択しているようで、選択しておらず、すべてはあらかじめ定められたようにただ展開しているだけです。しかし、この次元において、我々は最善の選択をしなければならないので、無為に陥ってはいけません。

我々にできる心構えとしては、時間における進行形では、努力を常に行い、出来事の結果としては、過去を振り返ったときにすべてが必然的であったと理解できれば良いのです。

これらを実践しつつも、大切なのは、すべての起点は神にあり、神を愛することが前提です。この基本がなければ、みこころという理解は起こりません。すべての理解は神の恩寵によるものなのです。

2 真の自由への実践

自己の明け渡し

すべての出来事には意味があります。

それが起こる目的、理由があり、それをひとつずつ経験していくのが人生です。人生とは学びと共にあり、みこころが導いてくれるものなのです。

ただ出来事が決まっているという外面的な部分に捉われるのではなく、その本質を理解し、その経験から与えられる学びを得ることで、人生とは価値のあるものとなるのです。

我々は、両親の下に生まれ、幼稚園、小学校、中学校と、出逢うべくして出逢う人々と交わっていきます。たとえそれがどんな経験であろうと、自分にとってはその経験しか存在していないのです。中学校までは住んでいる地域の影響で選択権はないことがほとんどですが、高校や大学はいくつかの学校を受験するので、自分で選択した感覚があるかもしれません。しかし、こちらでなくあちら、という選択は存在していないのです。こちらだけが我々にとっての確かな存在であり、その経験の上にさらなる経験が積み重ねられるのです。それは人間関係が物語っています。あちらの学校に通う人を誰ひとりとして我々は知らないわけです。

人間は、自らが経験したことだけが、当人にとっての真実であり、経験していないことは想像の中にしか存在せず、それは人生とは無縁です。あくまでも経験したこと、出逢うべくして出逢った人だけが、真実なのです。

両親も、配偶者も、子どもも、仕事の同僚も、すべては必然的に出逢うべくして出逢っているのです。そして、そのすべての関わりから、我々は何かを得ているのです。「あの人からは何も得てなんかいない」、そう思う人間関係は当然あります。その場合はさらに俯瞰して観なければなりません。往々にして、何も与えてくれなかった人こそ、何か大きなものを与えてくれている可能性があるのです。

宗教的に言えば、神が人間に期待することは、神やみこころを受け入れること、また自己を明け渡すことです。

別な表現をすれば、自由とは、あるがままを受け入れ自己を解放すること、となるわけです。ニュアンスは異なれど、意味は同じです。

我々が求めているのは真の自由であり、心の平安です。これらは自己との戦いの中に見出されるものではなく、自己の放棄の中にこそ存在しているのです。

人間はさまざまな経験を積み重ねることで、人間の性質を知り、嫌気がさします。周りを見渡せば嫌な人ばかりです。しかし、嫌な人が存在しているのも、必然性から来ていることです。問題はその人にあるのではなく、いかに自分が自己を明け渡せるかにかかっているのです。

タイムループ

必然性はまた、タイムループを生み出します。我々は巨大なタイムループの中に存在しているのです。

このマーヤの世界は、仕組みとして元に戻ろうとする性質があります。修復されるということもその性質の影響です。何か新しいものになるよりも、元に戻る方が自然な形なのです。

このマーヤの性質は、宇宙全体に及んでいます。すべては、ある一定のパターンの中で、繰り返されているのです。

人間も毎日を繰り返し、魂も転生を繰り返し、自然も季節を繰り返します。同じように、時間も直線的に見えますが、その直線は俯瞰すると円なのです。宇宙の始まりを起点として、宇宙の終点は起点の位置になります。そして、そこから再び新しい宇宙が始まります。これは、大地が平坦のように見えるけれども、そのままずっと真っ直ぐ進み続ければ元の場所に戻ってくるのと同じことです。

時間はこのようにして、ぐるぐると回っています。気の遠くなるほどの時間をかけて、宇宙の時間が一周回ると、破壊と創造が再び起こります。しかし、その時間は再びループします。永遠に同じところをぐるぐると回っているのです。

私の観え方からすると、同じことが何度も何度も繰り返されています。今「私」として経験していることは、かつての宇宙で経験していたことであり、次の宇宙でも同じことが繰り返されます。

この観え方は、自分の意識が宇宙にカチッとはまると観えてくる宇宙観です。カチッとはまる瞬間、時間が消滅します。時間が止まり、自分の意識が全宇宙に広がり、宇宙全体と一体化します。このような状態を経験すると、自己の意識というのは時間の流れの中に存在せず、より包括的な時間の世界へと解き放たれます。この瞬間、完璧さのみが支配する状態を体験します。すべてが完璧であり、出来事の一つひとつも完璧さのなかに在り、必然的なのです。

私にとって、これ以外に物事を完璧に観る観え方は存在しないのです。

例えば、今こうして、この部屋でこの文章を書いている自分がいます。この私はこの場面だけで見ると刹那的ですが、これが、何度も何度も無限に繰り返されている場面だとすると、それは好き嫌いの問題ではなく、完璧として観えるのです。

そもそも、私は子どもの頃から、数分間にわたるデジャヴを見てきました。この理由が、ループだと理解したときは、大変納得がいきました。それまでは、予知夢などの予知的な理由として捉えていましたが、その段階では、納得できてはいませんでした。過去に全く同じ経験をしているからこそ、この場面を覚えているのだという理解は、斬新でありつつも、それ以外に考えられないほど明確でした。

この理屈は、当然受け入れられないという人もたくさんいると思いますが、それもまた必然性によるものなので、問題ではありません。個々がどのような経験をするかが大切なのです。


ときとして人は、エゴの働きによって、自分の考えにないことを否定したがります。これは誰でも同じです。しかし、それはエゴの足掻《あが》きであり、当人も深層心理ではわかっているはずなのです。

我々を苦しめるのはこのエゴの働きであり、それが結果として最悪な状況をもたらすということも経験済みです。しかし、それでも人間は自らのエゴに固執《こしつ》します。なぜならば、このエゴの働きもループしているからです。

エゴの働きも、思考もループします。人間は追い詰められたときに「袋小路」という表現をしますが、その状態になると、思考がループするという経験ができます。普段の思考も基本的にはループしているのですが、こういった場合はループが顕著に表れます。何度も何度も、解決しない問題が頭の中をループするといった経験を、皆さんもしたことがあるはずです。これも物事がループする仕組みの表れです。

みこころで生きる実践

前作ではマーヤ解きについてかいつまんで説明してきましたが、本作では、みこころを解く方法について触れていきたいと思います。

みこころ、つまりは必然性になりますが、この必然性を必然として受け入れるためには神の存在が必要となってきます。もちろん、神がなくても、必然性を信じることで、みこころを解くことも可能ではあります。しかし、必然性が必然である根拠として、宇宙の行為者が存在しなければ、何ゆえの必然なのかというところで、行き止まりになってしまいます。すべての現象が必然的であり、意味も理由も目的もある、と言ったときに、やはり、絶対的な行為者を理解しているかいないかでは、結果が大きく異なります。

ですので、絶対者の存在を経験しなければ、完全なる必然性を理解することは難しいのですが、絶対者を仮定することでも、みこころを解いていくことはできます。

みこころを解いていく作業は、主に二つの角度から行われます。

ひとつ目は、必然性を理解することです。そしてふたつ目は、その出来事を通して教訓を得ることです。

ひとつ目の、「必然性を理解する」というのは、起こっている出来事を単純に必然として理解することです。ここでの必然性の観え方は、「ただ起こっている」「起こるべくして起こっている」となりますが、ふたつ目の、「教訓にフォーカスする」というときは、「それが起こるには意味がある」となるのです。物事がただ起こっているのと、意味があって起こっているというのでは、現象の解釈は大きく異なってきます。

「ただ起こっている」という解釈では、もちろんその出来事に意味を持たせることはありません。ただ、必然的にすべてが起こっているという部分は共通しています。この時点でみこころを解くと、日本の鉄道のダイヤのように正確に出来事は展開しています。そこに意味はなく、ただ起こります。

しかし、運行する側には意味があります。鉄道の運行を管理している側からすれば、正確に鉄道を動かすことに命をかけています。出来事を管理する側と、利用する側では、ダイヤの正確さにおける意味付けは、ニュアンスが異なるのです。

これと同じように、我々の人生で起こるイベントに関しては、これをどう展開させるかは神の問題であって、私たちの問題ではありません。我々は単なる利用者です。ですので、ただ、起こるべきことが起こっているだけ、となるのです。

ふたつ目の「教訓」になってくると、その教訓の源泉となる教えに基づいて学びは起こります。この叡智に触れるとも言える経験は、我々に摂理、道理、教訓を与えてくれます。よって、これは宗教ごとにニュアンスが変化する場合もあります。

過去の宗教では、個の過ちを追跡する観念が強く、教訓は否定性を源としていることが多々あります。この利点は、神の前で謙虚になれるというところです。逆に現代のスピリチュアルの感覚では、個人の肯定感を高めるというより、人の側に立った考え方をするのが特徴です。

これらを基に教訓を考えていくとき、それぞれの出来事は、意味合いを持ってきます。出来事をどのように捉えるかで、人生の学びは大きく変わってきます。もちろん、人生は学びのためにあるものなので、これらの経験は貴重な学びの要素となってくるのです。

私は幼少期に死の経験をすることによって、すべてが始まりました。普通、死は終わりとして考えられていますが、私は死から始まったのです。死から始まるということは逆回転です。人生が逆回転しているような感覚です。

私は若い頃、周りから生き急いでいるようで、見ていて痛々しいとよく言われていました。死を通して経験した神の状態というものを現実化するために、もの凄いペースで疾走していました。普通の人が三年かけるようなことを三か月で終わらせていました。そのペースであらゆる事象をこなしていったお陰で、経験するべきことを早々にやり終え、いよいよというところで、神の恩寵を受けることになるのです。今はひたすら、ただやらされることをこなしていく毎日です。

また、神は私の理解に粋な計らいを付け加えてくれました。それは、父の死に寄り添えたということです。

全く宗教的なこととは無縁だった父が、最後に神を認識し、神の元へと導かれていくさまの一部始終を一緒になって経験できました。人間は死の間際には神の元に行くのだということを神は教えてくれました。

これらの一つひとつの出来事にはすべからく意味があります。私は神の体験以降、自分の人生を振り返り、神の視点から、すべての私に起こった出来事のみこころを回収しました。

ただ、みこころを回収するうえでひとつはっきりしているのは、みこころが展開しているときはおおよその見当をつけることはできても、みこころがはっきりわかるというところまではいかないということです。みこころはその現象が終わらなければ、明確にはならないのです。

絶対者を通してみれば、すべてが完璧です。また、その絶対者は我々の存在に意味を持たせています。

飛行機というのは、すべての部品が一体となって飛行します。一見意味のなさそうに見える部品も、なければ命取りになりかねません。ネジ一本緩んでいるだけで、墜落の危険を孕《はら》むのです。このように、飛行機に限らず、それらを成り立たせているものは、きちんとした意味があってその役割を果たしています。人間の世界も同じです。無意味な人間はひとりとして存在していません。一人ひとりが、たとえ目立たなかろうが、その役割を担っているのです。

ここをまず押さえておかなければなりません。それぞれに完璧なる役割がある、そのように理解することで、はじめて起こる出来事に意味が出てくるのです。それは小さな出来事かもしれませんし、大きな出来事かもしれません。いずれにせよ、それはそうなるべくしてそうなっているのです。

この理解が人生の途上で起これば悟りになりますし、死に際に起これば成仏となります。ほとんどの人の場合、死に際には悟りとおぼしき状態に辿り着きますので、いつかは、そうなります。しかし、生きながらにして、その状態になれば、すべての苦難から解放されます。

Ⅲ　質疑応答

悟りが在るのではない、神が在るのだ

1 宇宙の完璧な法と秩序

――神が「来る」というのはどういうことですか。

神が「来る」と、意識が覚醒して神になってしまうわけですが、最近この「やってくる神」が「父」であるということが、はじめて落ちてきました。実はこれが「父」だった、というのは、二十年目にして驚きでした。

神が非顕現の状態のときは、宇宙もない、時間もない、空間もない、しかし、何もないかというとそうではなく、神が在る。この状態の神は非顕現なので、性別はありません。でも神がひとたび顕現すると、それは陰陽の法則に則ります。

これはダルマの中に在るものですが、このダルマというものがどこに在るかというと、神が非顕現の状態のときは神と共に在ります。神＝ダルマであり、全く一体のものです。ところが顕現することによって「父」と「母」に分かれるのです。

このように非顕現の神が「父」と「母」に分裂したときに、イーシュワラと表現されますが、このときはダルマの方がイーシュワラよりも上にあります。なぜダルマは顕現した神よりも上に在るのかというと、非顕現のときの神の状態の中にプログラムが内包されているからです。すべてを決めている原因が実はここに在るという、コアなのです、ダルマというのは。

時空を超越していて、時間も空間もない世界では、とにかくどこを切っても神しかないという状態です。

そして、その次元から一次元下がったときに創造が始まります。そうすると神の属性が陰と陽とふたつに分かれてきます。ふたつに分裂したときに「父」と「母」という存在が出てくるのです。その後さらに次元が下がると、そこで時間と空間が生まれたりするわけです。

神が「父」と「母」に分裂すると、「父」の役割「母」の役割を担うのですが、この「父」と「母」を動かしているのは何かというと、ダルマなのです。ということは、このダルマが神、絶対者ということになります。「母」が動いて「母」が世界を創造する。では「父」は何をしているかというと、別に何もしていません。「父」がいる意味があるのか？　というと、我々人間にたとえるなら家の象徴としているのです。大黒柱と言われますよね。「母」も「父」も動いていたら共稼ぎになってしまいます。

ただ、ダルマの中に「この人を目覚めさせる」という意図があると、その「父」が「来る」ということが起こるのです。遍満している神は「来る」ことがありません。ダルマが「父」を「動かす」のですね。そして神の意識がその人の意識に入ってくると、神が観ているように世界を観るのです。そうすると、神は遍満しているんだ、動かないんだ、というふうになる。「来て」いるのに。

神の本性とは、遍在、永遠なんだということが「来る」ことでわかる。ここが少々カオスですね。「来ない」状態の方が神の本質でありますが、来ないとわからないからです。

悟りも同じです。ただ自分が気づいていなかっただけで、自分が存在する以前から神が時空を超越して存在するように、悟りも存在していたんだ、とわかるのです。でも、これが、悟りを成就しないと、悟りが来るものではなく、もとから永遠に在ったものだと気づけないのです。

悟りというのは既に在るのです。何なのかというと、悟りというのは神だということです。そもそも自分の本性がまさに悟りだったということに気づく。

悟りというのは、ただすべてが明らかになるだけなのです。それを悟りというのですが、悟りが在るのかないのか、というところで見ると、悟りという何かが在るのではなく、ただ、真理、神という本質だったり、この世界のからくりだったりが明らかになるだけのことなのです。悟りという何かが在るわけではなく、我々の意識がこれを通して目覚めるということです。

悟りとは何か。神だということです。悟りが在るわけではなく、神が在るのです。

――神が非顕現である状態について、もう少し教えてください。

非顕現ということを話すのは難しいです。というのは、非顕現を何らかの形で顕現させなければ話せないからですね。

まず、そもそも「それ」が在った。「それ」が在ったときは何も生じません。神が顕現しなかったら、我々が言うような神でもないのです。顕現して神になったから神と言うのですが、顕現する前は何者でもなかったのです。

その、神でもない者が神として在るわけだけれど、神でもないものは既に在る。そこから神という形で「父」なる神と「母」なる神として顕現することで、はじめて非顕現なるものが理解されるということであり、唯一、それが非顕現なるものの顕現とも言えます。

これをたとえて言うと、スピルバーグがもし映画監督でなくても、その人はスピルバーグとして存在しています。アマゾンで働いているかもしれないし、郵便配達をしているかもしれないし、誰も知らないスピルバーグがそこにいるのかもしれません。でも、そのスピルバーグに意味があるのかというと、スピルバーグは映画監督として業界をリードしてきた先駆者であって、映画業界を発展させるという使命を持って生まれてきているのです。ですから、「映画監督スピルバーグ」として顕現するしかないということです。ということは、映画を創らずに顕現しないスピルバーグは考えられないということです。

神が顕現していないときは、ダルマというプログラムが内在していて、「父」と「母」として顕現することで、「神が在ったんだ!」と人間が認識する。

そこで、鍵を握っているのがダルマだということです。神を非顕現で終わらせないということが、ダルマに内在していたということです。そして、神が「父」「母」として顕現し、人間を創るというプロセスがダルマにプログラムとして内在している。非顕現の在り方が神の本来の在り方だけれど、それでは神が神たるものになれないので、神が神たるものになるために顕現せざるを得ないというプログラムが内在していると言えます。でも、「そのダルマというプログラムはどうやってできたのか？」と神に聞くと「そこまで知らなくていい」と神に言われてしまいました。

人間からすれば、本当は非顕現の神のことまで知らなくて良いのです。自分の問題さえ解決してしまえば、どうでもよい問題かもしれません。「自分は何か」がまさに知るべきことであって、神がどんな存在かに挑もうとするのは無謀だという結論に達するのです。

ただ、なぜ非顕現の神の話をするのかというと、非顕現の神の状態というのは「私」を理解するのに役に立つからです。なぜダルマというプログラムで神が顕現して、この宇宙ができたかというのは、「私」には関係がありません。ただ、神が顕現しているか非顕現かは、私が「私」を理解するために役に立つ要素がそこにはあります。

非顕現の神というのは、非顕現ゆえに生じてもいないし滅してもいない。ということは、無限に永遠に存在している存在者だということになりますね。そこを押さえていくと、生じてもいないし滅してもいないけれど「在る」ということは、今この瞬間にそれは「在る」に行き着くことができます。

我々はまず、「神はどこにいるのか」と探します。人間からすると、神によって私が認識されているかどうなのかは、すごく大きな問題です。

子どものときは、ぼんやりと神が見ているということがわかっています。親に「神様が見ているからね」と言われれば「あぁ、見ているんだな」と思う。ぼんやりと、記憶もある。ところが、長く生活していくうちにその記憶は薄れ、悪い出来事が起こったときに、自分は神に見捨てられているとか、神は私のことを見ていない、ということになっていってしまう。神を感じられなくなってくるのです。そして、「神はいない」というところに繋がっていきます。

でも、そうではない。神を感じるとか、見ているとか、理解できるとか、そういうことではなく、神は常にどの瞬間にもどの場所にも絶対に常に在る。なぜならば、非顕現の神は生じても滅してもいなくて、「在る」存在だからです。

例えば、本来は区切れないものだけれど、この区切られた部屋の空間を神が満たしているとします。神がこの空間内に宇宙を創ったと表現すると、この空間の中のすべては神の中に在るということが理解できます。この空間の外に宇宙を創りました、となると、神と我々は分離する可能性があります。でも、この空間内に我々が創られたとしたら、我々は神の内に存在していることがわかりますね。

これをもっと大きく解釈していったときに、この宇宙はすべて神の中にできているから、神のいないところはない、ということになります。それは、非顕現のときに既に在ったし、「父」と「母」という現れ方で顕現しても、その非顕現の状態というのは永遠の遍在だから、非顕現の状態がなくなるわけではないのです。これが大きいところです。非顕現の状態というのは、顕現した後もずっと在り続けます。なぜならば、非顕現の状態というのは、始まりがなく元から在り続けているからです。

顕現する神は「来る」か「来ないか」のどちらかになります。そうすると、「神は、俺のこと忘れているんじゃないかな」ということが起こり得ます。顕現した神を主軸にすると、神はすべての場所、時間に存在するという話はできなくなります。非顕現の神の状態を前提にしているからこそ、神がないところはない、ということが言えるのです。

宇宙がなくなるということが起こるときは、神は一度すべてを収束させるということが起こるから、そのとき「父」と「母」もまた本来の非顕現の神の状態に戻り、宇宙が無の状態に戻るということは起こり得るけれど、そんなことを心配しても、我々はなすすべがないから、どうでもよいことです。

悟りというのは、晴れの空だと説明しましたが、曇りの日や雨の日がなければ「晴れた、あぁ、気持ちがいい」という状態は経験できません。神も晴れと同様です。曇りや雨はマーヤです。この雲を超えれば青空が広がっているということは理解できます。同様に、このマーヤの向こうには神が在る、という認識があれば、現象から来るマーヤにそれほど振り回されなくなります。

そして、この青空のように既に在る完璧な状態が、完璧な状態として認識されるためには、マーヤが必要になります。マーヤがなければ、神が在るという良さも理解できません。神は、本来はないけど在る、在るけどない、青空のように。それが「晴れ」という形で顕現してきます。本来は非顕現ですが、顕現することによって、すべてが明らかになるのです。

――みこころと法はどちらが先に在るのですか?

法、ダルマが先です。法というのは、イーシュワラよりも先にあります。インドの言葉を借りると、ブラフマンとダルマというのは一緒なのです。たとえて言うならば、ダルマはブラフマンという存在の活動的な側面です。でも、そこでは活動は起こりません。活動というのは、イーシュワラが出てきた後でしか起こらないからです。ブラフマンとダルマが在るだけでは活動は起こらないのです。ブラフマンの中にはダルマが潜在しているという感じでしょう。ブラフマンの中にダルマが潜在しているけれども、ブラフマンがダルマに動かされた、ということです。

結局、絶対者がやりたかったのは、「この世界」であるということは明確です。ということは、結局ダルマがこれを示唆しているのです。そうなると、最初の第一歩で、ダルマがブラフマンを動かさなければならない。つまり、ダルマがブラフマンを行為させるわけだから、ブラフマンよりもダルマの方が先にあったのではないかと言えます。ただ、そうするとブラフマンは絶対者でなくなってしまいますから、絶対者であるブラフマンはまずはじめに在り、ダルマが潜在しているけれども、ダルマの動きなくしてはブラフマンによる「母」の創造は起こらなかった、ということですね。
赤ちゃんが赤ちゃんでいるうちは、その人の傾向は潜在していて気づかれないということがあります。それと同様に、ブラフマンの中にダルマは潜在しているけれど、そのときはダルマは姿形を現わしません。ところが、そのダルマがブラフマンに最初の行為をさせる力を持っているということです。

——神よりも法の方が先行するということについて、もう少し教えてください。

神と法というのは基本的に一体です。ところが、イーシュワラという創造主からすると、法の方が上になるということです。
神という名前の側面から見ると有機的なエネルギー体のような感じがあり、法という側面から見ると論理的な感がしますが、これは観方の問題ですね。その二側面を持ち合わせているのがブラフマンの状態です。

――みこころと法の関係はどのようなものですか？

法、ダルマがまず「母」を創ります。これは、ダルマのみこころです。ダルマがそうさせたかったのですから。

インドの神話に、ブラフマー神は、永遠にブラフマー神しかいなかったので、あるとき退屈を覚えてサラスヴァティー女神を作ったら、出来栄えがあまりに美しくてそれに恋をしてしまった、というストーリーがあります。ブラフマー神は、ダルマのみこころで女神を創ったらあまりに美しかったので求婚し、サラスヴァティー女神はそれを最終的に受け入れるわけです。ここから世界の創造が始まります。

ですから、ブラフマンの中にダルマが潜在していて、ダルマがブラフマンに最初の行為をさせることによって「母」ができます。ここでイーシュワラが誕生することになります。イーシュワラが誕生するというみこころがダルマによって行われるのです。そして、イーシュワラが世界の創造を行います。そのイーシュワラのみこころが行われます。でも、イーシュワラのみこころはダルマのみこころです。ですから、みこころというのはどのつまりはダルマから来ているということですね。ブラフマンのみこころであるといっても正解です。

たとえて言うならば、私がある病気になるとします。その場合、「私」が病気になったと我々は考えるわけですが、今の医学では遺伝子が病気を発生させたと言います。私という人間を成立させているのは遺伝子です。どういう病気ののちに死んでいくかというプログラムは、避けることができません。

それを、ブラフマンのＤＮＡがダルマだという捉え方をすると、わかりやすくなると思います。ブラフマンが創ったイーシュワラにもそのＤＮＡが受け継がれている。そして、イーシュワラが創った我々人類にも、そのＤＮＡが受け継がれているのです。ですから、私のＤＮＡに書かれている情報は、イーシュワラの中にも書かれているし、ブラフマンの中のダルマにも書かれているのです。それを成立させるプログラム、それこそがダルマだということになってきます。

――わかっていないときは、ただ、ＤＮＡに書かれていることを淡々とやっているというようなことだと思いますが、わかった後はどういうことになるのですか？

「私」を成立させているDNAというのが、「私」由来だと思っていますよね、人間というのは。自分に主体があると思っているけれど、実はこのDNAが神から来ていることがわかるとどういうことになるかというと、「私」というのはこのDNAに完全に支配されている存在であって、これに逆らうことも歯向かうことも一切できない、ということがわかるのです。「私」という人間のルールを変えることはできないのです。

――わかった人は変えられるのではないのでしょうか？

変えないのです。

わかっていない人は、変えられないものを変えられると信じて生きています。わかった人は逆に、変えられないことをわかることで変えられるようになるのですが、変えることで大本のプログラムが変わってしまうことがわかるので、変えないのです。それくらい神の存在が自分にとって絶対的になるということです。

わかっていないから神の存在が自分の中で中途半端な存在になるのです。だから

「神に従わない」という選択も起こり得るし、「神の思い通りなんてまっぴらごめんだ」という不遜な考えが出てくるのです。それがなぜ出てくるかというと、神を知らないからなのです。神を知ったら、そういう一切の不遜な考えは出てきません。もう「神に委ねるしかない。すべては神の思った通りにしかならないんだ」と、神を絶対視しているのです。もうこれは、信じているということでもありません。信念的なことでもなく、明確なのです。

それがどのくらいの違いかというと、父親のいない子が、なんとなく父親がいると思いながら成長しているのと、毎日学校から帰ってきたら家に父親がいるという子どもの違いくらい違うのです。その子も、私が存在しているのは、どこかにお父さんがいるからだとわかっています。でも、お父さんに会ったことも会話をしたこともないから、自分の中で父親の存在がわからないまま育っていきます。一方で、お父さんと一緒に生活している子は、父親というのが何であるのかわかっています。そのくらいの違いがあるのです。

ですから、神の体験があって、神が現実であるという経験をした者からすると、神に逆らうとか反旗を翻《ひるがえ》すという思いは一切出てきません。

——法、ダルマについてもう少し摑みたいのですが。

創造主は法に則って創造するので、法にないことはやりません。法の裏側はブラフマン、神です。ブラフマンが表だとすると法が裏で、どちらが表か裏かは関係ありませんが。

さきほど神というと有機的な感じがすると言ったけれど、ブラフマンの側面が有機的だとすると、法の部分は無機的ですね。生命体的な要素というよりも、どちらかというと、設計図のような感じのものですから、プログラムですね。プログラムの本体ということです。

みこころを理解したときに感じるのは、どちらかというと「神がやっている感じ」です。設計図が見えてくるというのはあまりなく、「神が決めて神がやっている」という感じが強くあります。そして、「ということはすなわち……」と裏読みしたときに、法が見え隠れするということです。

プログラムがプログラムとして存在しているときには実体がないけれど、実行されたときにはじめて明らかになります。コンピュータのプログラムを見たときに、HTMLはただの文字の配列ですね。しかし、それが顕現するときは画像になったりします。それと同じように、法というもの自体に触れようとしたときには、映画『マトリックス』のように文字がバーッと流れている、あのような感じです。サイファーとネオがモニタールームで二人で話をするシーンがありますが、そのプログラムを見たときにサイファーは「女に見える」と言います。でもネオにはまだそれがプログラムにしか見えません。コンピュータのプログラムに詳しくて、それを仕事にしている人がその画像を見たときには、その背後にあるその文字の配列をなんとなく見ているわけですね。しかし、そういうことがわからない人には、ただここに映っている映像が、映像として見えているだけなのです。それと同じで、法というニュアンスを摑み始めてくると、プログラムというのが見え出してくるのです。

結局、プログラムは実行されて形にならないと見えてきません。法が実行されると「みこころ」という形になります。プログラムが実行されて形になった、その形しか我々は見ていないのです。この形にどういう意味が隠されているか知ろうと思ったときに、プログラム本体にどういうものが記されているかということを読まないといけない。それが読めると、なぜそれがこういう形で出ているかを理解できるということですね。

そして、我々の中にその法を理解できる機能があるとしたら、ブッディしかありません。

――明晰さが欲しいときに、何が必要になりますか？

客観視ですね。見ているものをあるがままに捉えられるように観察する訓練が必要です。そこを刺激するためにやれることがあるとすると、問いかけです。

出来事がぼんやり見えているとすると、これは神なのかマーヤなのかという問いかけをする。その問いかけをした場合に、神でもあり、マーヤでもある、という答えが出てくると思います。なぜなら、みこころだからです。

今わかるべきことは、そのみこころ的側面か、マーヤ的側面か、どちらから掘るべきかを客観ししていくべきですね。

とにかくブッディです。客観的視点、これをとにかく認識を使って識別をして、識別されることによって理解されていくということですね。識別をするにしても、客観的でなければできません。識別ができるのはブッディだけです。

2 時間は「みこころ」である

――「時間は観念だ」とよく言われることがありますが、「時間は過去も未来もなく、今しかない」という視点と、先生がおっしゃる「時間を超える」という話は別次元の話でしょうか？

「時間は観念である」ということは正しいのです。問題は「時間は観念である」ということを「知っている」だけではだめだということです。時間という観念を持っているあなたに時間が存在しているということですから、あなたが時間を超越しなければなりません。ですから、あなたの中で時間という観念をぶち壊さないといけないのです。

そうすると、その人はその場で消滅します。昔、スーフィーが悟ったときに絶命したという話がありますが、そういうことだと思います。時間が観念であるということを悟ったら、消えてしまいます。ということは、消えない人たちは「時間が観念である」というふうに考えているだけだということです。でも、本当に時間が観念であるという体験をしてしまったら、その人は消えてしまうから、説法もできないのです。ですから、そういう観念を説明しつつも肉体を持ってそこにいるというのは、時間という観念を持っているからできることです。

時間は観念であるけれども、神は観念も超越していると思って、そこに寄り添うことができれば、私たちは時間という観念を超越したようなものです。そして、それで良い、という話です。神がないのに「時間が観念だ」などと言うのは、「なんだ、その観念の話は」ということになります。

――解脱したら解脱する自分を観ている視点もないのでしょうか？

ありません。ですから、そこで全部終わるということです。

——そこからはループもしないのですか。

そこが結果でしょう。そこに辿り着いて解脱したら、その人にとっては「私」もなくなり、神もなくなります。だからといって、絶対存在である神が存在しなくなるわけではありません。ただその人にとっての認識、観念が消滅してしまうということです。

ですから、そこに到達する前提で、今、我々はここにいるのか、あそこにいるのか、何回も生まれ変わりながらそこに辿り着こうとしているということです。だから今はプロセスの最中。そこに至ればすべては消えます。そこに辿り着くことが結果であり、まさにそこに辿り着くことが私たちが存在することの原因になっているということですね。

すべてはみこころであると私は理解しているので、最終的に辿り着く場所はそこであっても、結局経験をさせるのは神の意志に他ならないから、我々は日々色々なことを経験させられて日々奮闘します。

神がこの宇宙を創造したときに一番最初に創ったものは時間と空間と言われていま
す。我々はそれを見ていないから、それがあるのかないのかはわからないし、時間も
空間もないものだとある人たちは言っているけれど、時間も空間もないことは証明で
きません。ということは、私たちはこの時空間の存在を否定することはできないので
す。そして、私たちがこの時間の中にあって、それをどう捉えるかが問題なのですね。
これは個人個人の問題だとも思うわけです。

私はすべて神のみこころだと捉えているからこういう考え方をしています。ですか
ら、これが絶対の答えだということではありません。ただ、私からすると、すべては
みこころで完璧であるのであれば、すべて原因が結果でないと成り立たないというこ
とが、私の理屈の中では成立しているということです。何か「原因」というものが
あって、辿り着くのが「結果」だったら、それは時間と努力だったり、自分の考え方
で成し遂げられたり成し遂げられなかったりする。そういうものだとすると、すべて
の人にとって解脱が保証できなくなってしまう。解脱しない人はしないということに

なってしまう。私はそれは嫌なのです。

私からすると、自分の存在やこの世界の存在を私自身の中で完全に納得して、自己が実現する状態というのを経験したことで、今までわからなかったものが自分の中で明確になった、ということです。その経験を通して、意識が変化する世界が存在するということを自分の中で得心したのです。

私にとっては、この状態が在る、ということがただひとつの救いでした。

往々にしてこの精神世界に入ってくる人は、頭がこんがらがっている人が多い。そうでなかったら世間の楽しみを楽しめるはずです。でも私たちはどういうわけか、そういう部類の人間ではなく、自分の存在なんかを確認したがるわけです。確認しないと頭が納得しない。私なんかも子どもの頃からずっと混乱していたのです。何をやっても楽しくないのですから。始まったら終わることを心配する。コンサートに行っても映画を見に行っても、始まったらもう終わることを考える。何も楽しめなかったのです。すべては必ず終わるんだな、ということは自分も終わるんだな、と。そうだったから必然的に、そういうことに対して答えが在ると言われる世界にどんどん入っていったのですね。

そして、私の中で意識の体験をすることができて、結末があるんだ、とわかったときに、私の中のすべての悩みから解放されました。すべては終わります。でも、すべてが終わるのではなくて、それは「すべてあのお方のご意志なんだ」となったときに、はじめてすべてを受け入れることができたのです。「終わること」もです。はじめて終わることが恐怖ではなくなりました。終わることは神の意志なのだから、それは私が好むと好まざるとにかかわらず、常に始まって終わるというのが繰り返されるのが人の人生だ、とわかったわけです。それから終わることを心配しなくてよくなりました。終わらないのですよ、何も。その「終わりがなくなった」ということが、私にしたらすごいことでした。私にとっての答えだったのです。

そして、それが皆に在るはずの答えだと信じたい。何を根拠にそう言うかというのは、私がそれを体験できたからです。だから皆がこれを体験できるのではなかろうか、ということを信じているということです。

これが、努力とか何らかの結果によって辿り着ける人と辿り着けない人がいるなら、私の中で納得できません。今生で辿り着けなかったとしても、来世なのかさ来世なのか、いつか必ずその人は辿り着けるんだ、ということがあってこそ、はじめて私からすればすべてが完璧になってくるということなのです。

私の時間の観え方というのは、すべてみこころで必然というのをベースにしていて、そこに辿り着く答えのためにあらゆることを経験させられている、という捉え方をします。日々経験させられていくことを繰り返すうちに感覚力も高まり、智慧も付いてくる。それが私たちが今生きている中で経験するべきことだ、ということが私の解釈です。

ですから、原因と結果が同じ場所に在るという私の考え方は、そのように理解することですべてが完璧になるというひとつの考え方です。

直線だと始まりと終わりがある。どこかに端があるかもしれない。でもそれが円と考えると、始まりも終わりもない。この世界は始まったのだから当然いつか終わるけれど、本質的な部分においては始まりも終わりもなく、結局円環であるという、禅のお坊さんたちが大好きなグルッと丸く書くものだけれど、それが私の始まりも終わりもない絶対的な状態です。

――悟りと時間について教えてください。

マーヤの世界のものというのは、「飽きる」ということが起きます。マーヤでないものにおいては、飽きるということがありません。なぜ飽きないのか。飽きるというのは、「時間」だからです。ですから、賢い人は飽きないようにするために物事をうまく分散させてやります。これは飽きたくないからです。大好きだからといって、一日中同じことをやっていると、三日くらいすれば飽きてしまいます。時間によって興味も劣化してくるのです。

そもそもこの時間というのが、マーヤなのです。まだ二十代とか三十代というのは、自分の年齢のことも死ぬことも歳を取ることも考えません。しかも、三十歳くらいまでは時間はゆっくり流れます。それが四十歳とか五十歳になるとどんどん早くなってきます。びっくりするくらい加速度的に早くなってきて、あっという間に八十歳くらいになってしまう。

この「経験」というのはすべて時間です。私は二十歳のときに、「時間がない」という経験をしましたが、これは「ない」のではなくて、これを「観ろ」なのです。

すべての経験がすべてリンクして繋がっていて、ここの私に繋がってくる。これはすべて仕組まれていることである。この流れを「観た」とき、完璧なのです。

そうしたら、時間は「ない」のではなくて、時間は「みこころだ」になります。逆にその時間がなかったら、みこころがなかったら、今の私は存在しません。今の私が存在しないということは、全部ないということです。聖者も悪人もいません。でも、色々なものがあって面白いのです。

時間は、神の芸術を表現するために絶対必要なものだと思っています。私は、この世界は神のアートだと思っています。我々はその一部。それを見せてもらって、我々は輝けるわけです。

例えば、絵を見たときに、第一印象で我々が惹きつけられる場所があると思います。モナリザを見たときに、どこに目をやるのか。ぱっと目が吸い寄せられる場所がありますが、なぜそこに目が吸い寄せられるかというと、そこが魅力を放っているからです。そうだと思いませんか？　ブッダやキリストは、この神が描いた絵の中で人の意識をパッと集めるポイントです。やはりその美しさ。人が経験していることの美しさだと思います。

ですから、時間というのは必ずしも劣化させていくことではなく、いかに良いものをそこに仕上げていくかが大事なのです。

それに主に取り組んでいるのは修行者たちです。だから、修行者は歳を取れば取るほど魅力的になります。

聖者たるもの、賢者たるもの、皆そうです。歳を取っていくということは、このマーヤの世界でいえば、終わっていくことです。でも修行者にとっては、終わっていくことではなく、歳を取ってからショータイムが始まるのです。説得力も経験値も踏まえて、さらに面白いことが色々と言えるようになってくるのです。マーヤの概念からすると逆行しています。歳を取ってもっと魅力的になるなんてあり得ません。ですから、歳を取って魅力的になりたかったら、この道を歩く。

時間はものを終わりに導いていきますが、流れに逆行した動きになるのが神の理解です。ものは朽ちていくけれども、神のことをやるのであれば、この時間というのはもっともっと素晴らしいものになっていくはずです。ですから、私からすれば、時間はみこころです。そこですべてを見せられるのです。

――みこころと時間について、もう少し教えてください。

神というのは行き止まりです。デッドエンドであって、そこからは何も生まれてきません。ところが、これが「神のみこころだ」となってくると、みこころというのは時間軸に縛られているなかで、次から次へと展開して動いていくわけですから、そこには「流れ」があります。その刻々と変化していく流れにフォーカスをしていると、凄いものが見えてきます。

それは、ものすごい速度で動く世界観でありながら、完全に制御されている世界です。これだけの速度でこれだけのものを巻き込んで展開をしているものが、完璧に制御されているということに対して、驚きを感じます。現象は起こっていないとか、ただ起こっているとか、すべて幻だとかいったことは、そこで止まってしまいます。それ以上のものが生み出されないわけですから、人間としての成長というのも、そこで停止するのです。

ところが、みこころにフォーカスをすると、刻々と物事が生じ、刻々と滅していくということが繰り返され、しかもそれが完璧な計画のうえで起こっていることが観えてきます。それを観たときに、生じては滅するというサイクルが、恐ろしいものではなくなるのです。

我々がなぜ、死や滅するということを恐れるかというと、それが完璧にコントロール下に置かれていないからです。しかし、避けられないものは避けられないとわかったときに、死に対して慌てふためくことがなくなります。未来はぼんやりしているけれど決定している、ということは、心の安定に繋がります。みこころは心の安定に繋がるのです。

みこころをよりリアルに体験している状態というのは、圧倒的なのです。みこころにフォーカスしていると、この世界はドラマの連続であり、その三次元的な解釈のなかで、我々は人生に対する学びを得ていくことができます。

みこころというのは、神がやっていることですから、神より下に位置することです。下であるがゆえに、我々にとっては近いわけですから、より圧倒性が増す、ということがあります。ですから、みこころという認識をもっと自分の中で深めた方が良い。すべては完璧に計画通りなのです。

――みこころも層になっていて、人間から見るレイヤーと神から観るレイヤーがあると思うのですが。

どうしても今の瞬間とか直線的な時間というのが、人間が感知しうる時間ですね。人間からすると、直線的な時間軸を基にしたみこころの理解しかできません。ところが、時間というのは球体みたいなものですから、立体的ですよね。直線的ではなく、縦に伸びる時間軸というものも存在します。

人間からすると縦の時間軸を理解することはなかなかできないけれど、神からすると縦の時間軸というのは横の時間軸と同じくらい重要なのです。

人間は「ああ、そうか、みこころなんだ」と、「私」の人生に起こった出来事が完璧なんだという理解に留まりますが、これがさらに、縦の時間に完璧さが広がっていきます。それは、ほとんどの人にとっては理解しづらいと思いますね。

――縦の時間感覚というのはどんな感じなのでしょうか？

今起こっているのと同じ出来事が過去にも起こっているということです。カルマで起こったことが今起こっているということではなく、全く同じ出来事が今のこの宇宙ができる前の宇宙でも起こっていた。さらにその前の宇宙でも起こっていた。今のこの瞬間は過去にもずっと起こっていて、これからもずっと起こっているということです。

どれくらい気の遠い過去の話かわかりませんが、これと同じ世界があって、全く今日と同じ話を私はしています。ただ、同じＤＶＤを何度も繰り返して見ているのと同じなのです。それというのが、神から観るみこころの世界。横の時間もみこころではありますが、神からすると同じくらい等しく大事な時間です。ただ、人間には横の時間しか見えません。横の時間は流れていきますが、縦の時間は流れません。無限なのです。

――そのみこころは完璧さと言っても良いですか？

そう、完璧なのです。横を見ると過去の私がいて、未来の私がいる。でも、縦で見ると、鏡を向かい合わせると無限に自分がずっと続いていくように、あれが縦に在る感じです。今この瞬間というのは無限に存在しているのです。しかし、横で見ると過ぎ去っていく。

十字架に現れているように、「父」と「母」と同じく、「母」の世界は時間経過で横に流れていく一方で、「父」の世界は永遠に無限に縦の世界が続いているのです。

これも考えたわけではなく、自分が観た世界ですから、それを言葉にしてどう説明するかなのです。「すべての瞬間が上から下に、渦巻きのようにカーッとずっと続いている感じ」と説明したりしますが、それは球体のような説明の仕方もできます。必ず還ってくるということですね。今の一点にあって東西南北どの方向に行っても今の場所に必ず戻ってくるのが球体の性質です。ですから、今この瞬間がすべての過去に繋がっていて、すべての未来に繋がっていて、結局ぐるっと回って今の自分に戻ってくる、というような球体のような説明も可能です。渦巻きでも球体でも、どちらにしても、私自身が神を経験したときに、その世界で見た唯一性・絶対性というのは、無限だけれどこの一点に集約されているポイントだということです。

無限と一点という表現は矛盾しますが、神という存在は無限でもあり一点でもあるのです。神は、無限と一点という人間が考える矛盾をはるかに超えています。彼はすべてなのです。すべてであり、この一点であり、とにかく全部なのです。それをすべて解体して説明するとこのようになります。

縦の時間と横の時間、球体に観えるとか、渦巻きに観える、などというときは、ものすごく俯瞰してみないとわからないのです。強いて言うならば、宇宙全体が観えてくる、そういう境地になってくるということですね。

——そこの次元までみこころが行きわたっているということですか?

そう、その理解まで到達すると本当は良いのですね。そこまでみこころというのは完璧なんだ、ということです。それが、現実に近づいていくことによって、完璧性というのはどんどん削られ、完璧に観えるはずのものが、完璧に観えなくなってしまうのです。

建物の設計図を3Dプリンターにかけると立体になるので、平面で見るよりも全体像がわかりやすくなります。ということは、みこころの在り方というのも、図面を頭で理解するより3Dプリンターのように立体的に見た方がはっきり理解できるということです。

マーヤ解きなどでみこころを顕わにするプロセスの中で、「母」や神が必然的にみこころとセットで明確に理解されます。この状態にいくために、あらゆる自分のマーヤや魔を取り除いていかないといけないということですね。

それは難しいと言えば難しいけれど、それが解けるということも一種の恩寵なのです。自分で考えているから、自分で答えに辿り着いたと思えてくるのですが、そう思っていると、解けないマーヤや魔があるというところに行ってしまいます。でも、実は解けたということは恩寵であって、解けたということも必然だと理解すると、次のものが解けないと思うことがなくなってきます。今日解けなければ、解けるときに解けると理解できるようになります。ただし、解けるときに解けるから、今解こうとしないと、解けなくなります。
今の自分の努力が完璧である、という状態が、完璧を呼び込むという道理が存在しているということなのですね。この完璧を呼び込むには、完璧なマーヤ解きをしなければなりません。しかし、今日はその日ではないから答えには到達しなかった、だから、明日は解けるだろう、ということにしないと。

縦の時間というのは必ずしもわからなければならないということではありません。直線だけでも理解できれば良い。立体が理解できればなおさら完璧になってきます。全体というのが見える境地というのが在るわけですね、縦が見える境地です。必ずしも必要だということではありませんが、これが在ると大きく違うのは、奥行きなのです。立体だけに、奥行き。表面的だとやはりペラペラしているのです。その人の言っていることもペラペラしている。しかし、立体的だと確信的なのです。疑いようがない、確信に満ちている、というのは、この立体から来るのです。言っていることは同じだけれど、その不動な感じは立体の安定性から来ているのですね。

起こっていることは一個前の宇宙でも今と全く同じことが起こっているわけです。

縦の時間が来ると、この瞬間瞬間がダーッと無限に存在しています。そうすると、今のこの瞬間という不安定さだけではなく、無限に存在しているという、これほどの安定感はないでしょう。

この不安定な今の宇宙という解釈だけでも理解は十分足りているわけですが、これをいくつも縦に無限に時間が存在しているとなったときには、完全に時空を超えます。横の時間というけれど、そこには空間が入っていないからです。時間軸、平面なのです。縦に無限の時間がバーッとできてくると、空間になってくるのです。この立体的な宇宙空間、十方位というのがここで出てくるのですね。

ですから、悟りにおいて、時間というのは話すことがたくさんあります。しかし、空間については話すことが何もありません。「何もない空間」というものを究極的に認識しないといけないので、とりとめのないものになってしまうからです。

でも、時間の無限の集積に勝手に立ち現れてくる空間を見たときには、すごく奥行きのある認識に変わってくるということです。そうなるともはや、最強の悟りの状態に到達する、ということです。

3 「恐れ」の正体

――自分の中に死ぬことを恐れているものがあります。これが働きだすと、先の不安のようなマーヤや魔を引き寄せてきます。それに対してどのように対処していけば良いか教えてください。

あらゆる恐怖は、死からやってきます。死とは肉体の死を指していますが、この恐怖の本質的な原因は、個というアイデンティティの消失から来ています。自分がなくなってしまうことに対する恐れです。これは誰もが持つ本質的な恐怖です。この度合いが高ければ高いほど、人は探究へと駆り立てられていきます。

よって、この死に対する恐怖というものは、神が人を神自身に向かわせるためのプログラムなのです。

特に、現代の日本のように信仰のない国では、死後の世界を信じていない人が多いと考えられます。その場合、恐怖はさらに倍増します。死とは終わりを意味するのではない、と理解していれば、必然として死を迎え容れることができますが、死とは終わりであると考えていると、死は恐ろしいはずです。

私がチベット仏教の修行をしていたときは、死は常に隣り合わせに存在していました。周りには死にゆく人もいましたし、死を受け入れる修行も並行して行われました。死後の世界について学び理解することで、死の恐怖は払拭され、この生を楽しむことができるようになります。なぜならば、人生はこれっきりではないからです。

また、そこからさらに発生したマーヤや恐怖については、これは全て神のプログラムであると認識し、それに付随するマーヤを解くことです。

それぞれのマーヤには意味があり、何らかの解るべきことを教えてくれます。今、この瞬間にマーヤになることは必然です。そこには明確な意味があるのです。

――先生は「自我の死」があったとおっしゃっていましたが、同時にダブルの意識になったともおっしゃっています。ということは、自我は死んでも「私」は残るということでしょうか？　その「私」とはいったい何ですか？

この経験は杞憂《きゆう》から来ていました。私は、明らかに死の恐怖を経験したのですが、その不安は杞憂であり、実際にはないものだったのです。

「自我の消失」というものを経験したことのない人間からすると、自我の消失という予感は死の恐怖そのものです。それは、自分というアイデンティティがなくなってしまうという恐怖なのです。

しかし、実際にそれが起こってみると、「私」が死ぬということはなく、ただ「目覚めた」のです。「私」という観念も残り、さらに、私の中に新たに生じた目覚めた意識も、両方在るという状態になりました。

ですから、目覚めた後に私の中に残った「私」は、自我のことです。自我と目覚めた意識という対照的な意識状態が、両方とも存在しているのです。これは、まさにタントラ的でもあります。相反する対極の私が自分の中に共存してしまうわけですから。

本来、インドなどでは、私という言葉の使われ方は、アートマン的なものを指しています。私の本質です。しかし、私が言う「私」は、このアートマンも、自我もひっくるめての「私」です。なぜならば、自我も所詮アートマンから生じているものだからです。

私からすると、自我は悪いものではありません。みこころを実行するにあたって、行為を発動させるための起爆剤です。みこころがあっても、自我がなければ行為は起こらないのです。

つまり、自我とは我々が神に動かされるために、なくてはならないものであり、必然的なものなのです。

例を挙げるとすると、タクシーの運転手と乗客の関係性のようなものです。運転手は運命で、乗客は自我となります。どこに行きたいか、という目的が乗客であり、その場所へと運ぶのが運転手です。日本ではあり得ませんが、場合によっては目的地に連れて行ってくれないこともあります。自我は「こうしたい」という強い思いを持っていても、運命はそのようには運んでくれないこともしばしばです。しかし、乗客の意志がなければタクシーは動きません。このように、我々の自我の働きがないと何も動かないのです。

インドで探究するにしても、たとえその必然性というみこころが前提にあったとしても、インドに行くことができるのは、我々に自我があるからです。

ですから、魂の本質的な意味での微細なるアートマンと、粗雑なる自我の働きを全てひっくるめて、「私」と、私は呼びます。

ただ、この自我はマーヤにまみれていますので、マーヤ解きをしなければならないのです。この段階では、アートマンという本来の私の原因と、自我という人間の成長と共に育ってきた意識のふたつが、主な人間の構成要素です。これは誰においても同じことです。

ところが、目覚めが起こると、このアートマンと自我という両極の「私」に対して、第三の私が生じるのです。それが目覚めた意識と言われるものです。この「ブッディ」と呼ばれる目覚めた意識の働きは、自己の本質をアートマンとして観つつ、自我の働きから生じるマーヤをも看破します。このブッディの働きが、アートマンと自我という両極の相容れない性質のバランスを取り、共存させるのです。この働きによって、目覚めつつも、この世界に留まることができるのです。

目覚めによって、自我の働きが完全に消失するならば、乗客のいないタクシーになってしまいます。乗客のいないタクシーが動くことはありません。みこころが動かなくなります。その意味するところは、死となります。つまり、伝承で言われるように、目覚めと共に絶命するということが起きます。目覚めた意識、ブッディが生じてはじめて、自我が共存することができるのです。

――目覚めに対する恐怖というものもあると思うのですが、これも自我の死に対する恐怖と同様なのでしょうか？

基本的には同じです。自己のアイデンティティの消失への恐れです。自己の目覚めは都合が悪い、と自我が直感するからです。

私たちは自我から生じる欲や執着によって苦しめられる反面、この自我の作用が我々に喜びを与えてくれます。心地良い眠り、食欲、性欲、物欲などは、我々に喜びを与えてくれるものなのです。しかし、これらの欲求が自己の目覚めにとって障害となると考えた修行者たちは、いかにこれらの欲を取り除くかを課題としてきました。修行とは、この欲望や執着との闘いなのです。

この観念が我々の意識に染みついているため、自我からすると目覚めが敵として認識されるということです。

しかし、何度も言うように、真の自己が目覚めるのに、自我の死は起こらなくても良いのです。

人間の努力には、増やす努力と減らす努力の二つの方法があります。ダイエットをするときに、運動して痩せる方法と、食べないで痩せる方法の二種類があるのと同じです。いくら運動しても、食べ過ぎたりしていればダイエットにはなりませんし、食べないことで病気になっても意味がありません。

これと同じで、修行も、増やしていく方法と減らしていく方法の二種類があります。さまざまな修行方法の伝授を受けて課題を増やしていく方法と、欲や習慣を減らしていく方法です。ことさら自我を押さえ込むことをせずとも、ひたすら修行をすることで、自我はコントロール下に置かれるのです。

しかし、これらの修行をいくら必死に実践していたとしても、要点をしっかりと押さえていないと、その修行は無益なものとなりかねません。そして、その要点というのが愛なのです。

愛が欠如していると、あらゆる行為の結果に実りはありません。たとえ修行をしていない人でも、愛に満ちている人は果報を得るものです。

ですから、自我を取り除く修行を必死にするよりも、自己の内に愛を育てることが大切です。自己の内が愛でいっぱいに満たされたとき、自我の存在はどうでもよくなります。あっても良いし、なくても良いのです。この「どうでもよくなる」ということが大切です。この境地に辿り着くと、自我を残したまま、さらに目覚めているという状態に到達するのです。

我々に必要なのは愛なのです。

――先生は「私」が宇宙の中心であり「私」がなければ宇宙はないとおっしゃいましたが、この「私」はアートマンとしての「私」でしょうか？　あるいは自我意識でしょうか？

もちろん、アートマンという「私」です。それを、ブッディが理解しています。もし、自分は宇宙の中心であると自我が解釈すると、魔境に堕ちてしまう可能性があります。

自我の働きはみこころのために必要なのですが、同時に自我の性質はマーヤです。

欲求や執着などの心のエネルギーは自我から生じるごく自然な働きですが、自我から生まれてくる理解はマーヤ的なものです。自我にとって興味があるのは、「自分のこと」です。ですので、肯定的であるにせよ、否定的であるにせよ、自我が生み出す観念は自己への評価です。不遜な考えもマーヤですし、否定的な考えもマーヤです。

ですので、宇宙の中心は自分であると「考える」ことではなく、自分が宇宙の中心であると「知る」ことなのです。より直感的な理解です。

――「『私』というものはない」という意識になるときの方が本質に近づいていく感じがするのですが。

私は「ない」という理解も観念であってはあまり意味がありません。「ない」という理解は瞑想などの経験を通して直感されるべきものです。

瞑想の実習では、自己の存在と想念が分離します。普段人間は想念を通して自分を理解しているので、想念＝自分という誤った観念を持ってしまっています。

しかし、実際に「自分とは何か?」を掘っていくと、辿り着くのは想念とは関係なく自分が存在している、という事実です。想念体としての私というのは、あくまでも後付けであって、作り上げられた観念です。それに対して、自己の本質というのは既に存在し、想念によって左右されるものではありません。この絶対的な基盤は想念によって変化することはないのです。

ですから、そのように「考える」のではなく、「それになる」ことが大切です。また、そのような体験を通して「私」は「ない」という経験が起こります。そして、然るのち「私はない」という理解がひとつの観念として形成されます。この場合、「私はない」と、理解しているのですが、またしても観念化してしまいます。しかし、このような観念化は悪いことではありません。ないよりある方が良いものです。なぜならば、そのような理解があることで、物事を客観視できるようになるからです。

どのような経験であれ、時間と共に観念化していくことは免れません。しかし、これらの精神的な経験を観念化することで、教えというものは形成されていくのです。

4　全宇宙と共鳴する

――神は何度も頼まないと頼みを聞いてくれないのでしょうか？

神は一回でも聞いています。でも、どれだけしつこく言うかを待っています。神に対するモチベーションですね。日々、神のことを思えるのか、それとも今日たまたま思っただけなのか。何度も何度も言わせるわけです。「私の名前をずっと唱え続けよ」という、マントラまで用意して。

結局、一、二回呼びかけたからと言って、何もしてはくれません。だから、神を讃えるというのはとにかく大事なことなのですね。

神と私というのは共に意識です。それを呼び続けることによって、「その意識」がこっちに流れ込んでくるということですね。

――「自分さえよければいい」という、魔の根源のようなものに対してはどう対処したら良いのでしょうか？

そういうパワーゲームは、地球上では常に行われていますね。自分が存在していて、そこに第三者がいれば、必ずパワーゲームが生じます。

社長と部下みたいな関係性であれば明確です。そこでは差が歴然としているから、社長は命令すればいいし、部下はペコペコしなければいけない。でも、同僚同士であれば、どちらが出し抜けるか、どうやってイニシアチブを取るかを考えるようになってしまいます。

それは神のプログラムであって、そこで体験して自分がどう思ったか、どう記憶するかというところに魔が入ってくるのです。「あいつには負けたくない」と思っていたのに、「負けた」と思えば魔が入ってきますが、敬愛していれば向こうが勝っても魔には入られない。

ですから、一番良いのは、「どうでもよい」と思えることです。相手とのやり取りの中で、相手との力関係を「どうでもよい」と思えることが最強なのです。こっちがイニチアチブを取ろうが相手が取ろうが、どうでもよいのです。人間の問題は「どうでもよくない」と思うところに発生するのです。「どうでもよい」と思うのは最強です。だって、どうでもよいのですから、どうなろうと知ったことではありません。

人間関係が本当に泥沼になっているときは、適当では生ぬるいのです。本当に「どうでもいい！」と思っていないと抜け出せません。自分から湧いてきている感情も、もう、どうでもよい、と。

「あのやろう！」と腹を立てているとします。腹を立てているのは、「自分が正しい」と思っているからですね。自分が正しいとどこかで思っているから、理不尽だと腹を立てる。そういうのも全部ひっくるめて、どうでもよい。何が正しくて何が正しくないということすら、どうでもよい。間違っていたっていい、どうでもよいのです。

人事なことはただひとつ、今自分がどれだけ幸せかです。自分が幸せで二重丸。花丸というのは、どれだけ自分が幸せで、周りの人たちも幸せにできているか。自分を犠牲にして、というのは丸も花丸もないのです。だから花丸になるのが一番良い。とてもシンプルなことです。

でも、最強だからこそ、最後にしか出てこないのです。だから「どうでもよい」は最後に出てくるのです。これは道理なのです。

私なんか、本当は何も話さなくてもいいのです。だからかつてないほど喋るのでしょうが。私ほど喋るマスターはいないわけです。でも、伝えないといけないことは、誰よりも少ないのです。「すべてみこころです。マーヤです」で終わりです。「みこころはどうやったらわかりますか？」「神と繋がればわかります」「どうやったら神と繋がりますか？」「意識を神に向けることです。マーヤを取り除くことです」。これだけです。

ただ、辿り着く答えはひとつだけれど、プロセスは皆、違うのですね。それがこの世界の多様性という面白さです。ただひとつの神が、ひとそれぞれに分散すればこれだけ違う表現に分散するのだ、ということを、神は見せてくれているのです。

でも、結局はすべてひとつですから、多様性なんていうのはマーヤだと言えばマーヤです。

——先生は「意識はダブルで持っていていい」というお話をされていますが、つまり物質的なものと精神的なものをどちらも持っていられる状態があると理解しました。それは、常に魔との戦いになるということでしょうか？

ある意味そうなります。

さきほど言ったように、みこころという理解をまず自分の中で完璧なものにしないといけません。起こる出来事がすべて必然的であると解釈されていることと、あやふやに「先生の言う通りなんだろうな」と思っているのとでは、全く違ってくるということです。

みこころが、より完璧なみこころとして理解されているならば、すべての出来事は悪い出来事もひっくるめて、みこころの中に内包されています。マーヤも魔も、ネガティブなものをひっくるめて、完璧な全体像を完成させないといけないということなのです。

瞑想とか禅定で「起こっていない意識」の状態になること。これは、悟りとか悟りでないとかに関係なく、瞑想の訓練をすることで思考を止めることがある程度特技的にできるようになっていれば、「物事が起こらない」という解釈になるので、智慧も膨らまない代わりに魔にもやられないというところがあります。魔からすれば、その中途半端なところに留まっていてくれるのは嬉しいのです。それは、ある意味でスタックしていることだからです。

でも、やはりもうひとつ神をわかり、みこころをわかってしまう状態になり、出来事をみこころにあてはめて解決していくと、完全に魔をも超えている状態になるのですね。

——禅定に入るだけでは不十分ということですね。

そういうことです。

これは、チベットではよく言われることです。サマーディに意味がないとゾクチェンではよく言います。私もよく例に出しますが、サラハという聖者の話があります。「チャパティを作ってくれ」と嫁さんに言って禅定に入ったら、十二年経っていた。禅定から出てきて「俺のチャパティはどうした?」と言った、と。

結局、そこで智慧が広がることがなかったということです。ですから、ゾクチェンの先生たちは好んでその話を話すのです。インドで行われているようなサマーディには目指す価値がない、と。

ですから、ゾクチェンなんかでは、サハジャ・サマーディのような醒めた境地が望ましいと考えられているのです。

――ということは、結局「母」を理解しないと不十分ということですか。

私のところに来ると、今まで本読んでいても聞いたことのない話をされ、本を読んで理解してきたこともマーヤだと否定されます。なぜそういうことが起こるかというと、それは不十分だからです。

これはブッダの教えの中にもあるらしく、ブッダの説く悟りの道は、とにかく瞑想して心の健全な状態を保ちましょうという方便的なことと、本当に「わかる」ということを二つに分けていたようです。本当にわかってしまうようなことは、数名の優れた弟子にしか理解できないから、皆に対して本当にわかってしまうような話はしなかったということです。

悟りの状態に辿り着けない状態の弟子には、毎日瞑想して心の状態が乱れないのが悟りの道だと説いているということはあります。それは方便だけれども、多くの人がそれを信じてしまっています。しかし、それでは不十分なのです。

ただ、心が平安になっているから、それほどやられないというメリットがそこにはあります。わかってはいないけど、心は平安。だからやられることがありません。

わかってしまうと、いろんなことを理解することができるだけに、いろんなものがやってきます。ですから、この大変な中に真理の糸口が隠れていますからね。石のように座っていても智慧は増えません。せっかく与えられた人生に、睡眠で六、七時間意識不明なのに、さらに瞑想で意識不明になっていたら、ちっとも生きていた感じがしないでしょう。

――マーヤとか魔にやられているときに、状態を元に戻すために瞑想は便利だと思うのですが。

自分の心の浮き沈みも、ある程度自分でコントロールできるようになっていた方が良いです。でも、それは根本的な解決にはなりません。土間を掃くようなものです。その辺は両方を双修して、自分の心を落ち着かせるテクニックはあって良いと思います。でも、本当に大切なのは、すべての理解です。

よく「すべてみこころなんですか？」と聞かれて、私は「まあ、人それぞれだから、そう思える人はそう思えば良いけど、そう思えない人は自由意志があると思って良いですよ」と言います。「神を信じなさい」ということ以上に「どっちでもいいよ」的なニュアンスで言ったりするけれど、実はみこころがすべての解決の中に在るのです。

――智慧もみこころの中に在るということですね。

そうです、みこころを体得できれば、全部解決します。みこころが少しあやふやで、自由意志があるのではないかと思っていると、物事はバチッと収まりません。それが「法」です。ダルマ、宇宙の完璧な法と秩序がダルマの意味です。

この「すべてが完璧である」という理解が智慧と呼ばれるものです。

智慧は学んで獲得される知識とは全くの別物です。智慧とは体験に基づくものであり、直接的に与えられるものです。我々が知るべき答えは、いたってシンプルであり、みこころに内包されています。みこころによって智慧が与えられ、その智慧によってみこころの理解が生まれるのです。これらすべてのプロセスが、すべてみこころの中に存在しているということなのです。

――仏教でいうところの空性と、神の愛の違いがどのようなものなのかよくわかりません。

仏教は自己の意識の変容を扱います。それを経験して、今まで自分があると思っていた自我がないという経験に到達します。私もずっとそこを目指して修行していたけれど、到達してみたら全くそうではなかった。変容する自己なんてなかったのです。それよりも「ぶっ飛んだ意識」が自分の中に入ってきてくれた方が、手っ取り早い。自己は変容せず、そのまま放置です。私も限界まで自己の変容に向けて修行をしてきましたが、どんな経験をしても「私」は常にいるのです。何をやってもなくならない。

今まではこの私、エゴが玉座の主であり、王様のように振る舞っていたわけです。そして、一生懸命瞑想をして、このエゴの王を玉座から引き下ろそうとするのですが、引き下ろすことはできないのです。そうこうしているうちに、本当の王様が帰ってきたのです。玉座の主が本当は自分ではないことは内心知っているので「お帰りになりましたか。座を温めておきました」とかわけのわからないことを言って、我々はいきなり執事になってしまうようなものなのです。いなくなったのではなく、本当の主が帰ってきて席を譲ったとき、やはり自分はそこにいる。ただ、我々が心から求めていた真の状態になるのです。私たちが求めていたのは、この下僕感です。「私はただお仕えするのみです」という従順な自分に会いたかったのです。

それまで偉そうにその玉座にいつづけた自分に対して、腹立たしさを抱えながら生きていたわけだけれど、王が帰ってきたら本来の姿に戻るのです。「私ははじめから今に至るまで、ずっとあなたの下僕でございます」と。二枚舌のように調子の良い下僕に成り下がったとき、彼からすると本当の主は絶対に逆らえない絶対者だとわかっているから、やっと安心するのですね。王様の振りをしなくてよくなるからです。それが自分の真の姿、もうがんばらなくて良いのです。ただ、あるがままの状態になるのです。そして、どうでもよくなる。全部王様がやってくれるからですね。今まで自分で決めてやらなければならなかったのですが、それは、人間の分際でやっているのですから大変だったのです。でも本当の王様は違います。真の主が帰ってきたら、自動スケジュールで進行するのです。執事といえど、自分は何もしなくて良いのです。

ただ、王様のご機嫌取りだけをしていれば良いのです。

神の体験というのは「神が在って、私が在るわけではないんだ」という理解に到達することです。神が凄いのであって、自分なんか別に吹けば飛ぶようなものだ、全然大したことのない存在なんだ、という認識に至るから、「自分のことはどうでもよい」というところに行き着きます。

仏教やアドヴァイタは、その認識主体である「自分」というのは何なのか、そこへフォーカスしています。

例えば、認識について見てみると、神があれば認識の客体が神であり、認識の主体が私の心ということになるのですね。しかし、この認識の主体である「私」が何であるのか、というところにフォーカスしすぎている。結局、自分の内側を向きすぎてしまうということです。認識の主体と認識の客体がどちらも私、ということになってきます。そして、この認識の主体である私が何者なのかというところにフォーカスをしすぎてしまうことによって、この宇宙やこの世界に溢れている美や愛を見逃すことになります。

ところが、「神だ」ということになると、この世界はすべて神によって創られているものですから、美や愛を体験しているときの感動が生まれてくるわけですね。

私自身の経験からいくと、やはり、神です。ですから、自己の認識の主体である「私」にフォーカスをしすぎてしまうと、全体像が観られないところに陥ってしまうのではないかなと思います。それはそれで、自分の心がさまざまなものを感じるわけですから、その認識の主体である私の心があるのかないのか、それがどんなものなのかを知るということは、苦しみを滅却するためのひとつの方法です。昔の人は苦しみの滅却を知りたかったからです。

愛が深い人と愛が少ない人を比較したときに、人間界では、愛が深ければ深いほど情が深まっていきます。そうすると、愛が強くなれば強くなるほど苦しみも生じやすくなる。でも、神の愛は情がないから苦しみは生み出されません。そういう仕組みがあります。

人の心には感受性があるから、それが苦しみを生み出してしまうというのが問題だ、というのが仏教の考え方です。ですから、自己の本質の部分に向かいなさい、と。結局、認識する自分の心に問題があるのですから、その心をなんとかしなさい、ということですね。そして自分の心に集中させます。それが仏教の方向性です。そうすると「神」にはならなくなるので、私からすると面白くはありません。

――「愛になれ」とよく言われますが、それはどういうことですか？

「愛になる」とか、「愛と合一しよう」と考えるからいけないのです。これは、簡単なことです。私がいつも言っているように、認識なのです。認識こそすべてです。

昔は、考えても考えても何も答えが出なかったけれど、わかってからは、考えるとそれに対してちゃんと答えが出るということが起こっている。それが、ある意味では奇跡的なことです。

わからないことがあるとする。わからないことに対して「これを通して自分が何をわかればいいのか？」と考えると、「わかるべきことをわかる」というところに行き着きます。それを積み重ねていくということが大事なのです。理解をする、わかる、認識をする、ということを積み重ねていったときに、「自分はなんでも知りたいことに対してフォーカスをすればわかるんだ」という状態になるのです。その状態になると、宇宙になります。宇宙と繋がるのです。認識をすることによって全宇宙と共鳴する。宇宙というのは、認識されるべくして存在しているからです。認識されるべくして存在しているから、認識されなければ、宇宙は宇宙であることができなくなってしまいます。

私は、この宇宙をパッと観たときに、全部手中に収めている感があります。深淵で、自分にはわからないな、というふうにはなりません。なぜならば、宇宙と私は共鳴しているからです。

私は「わからないことはない」と言っています。もちろんわからないことだってあるわけですが、それを「わからない」と認識してないのです。

三十五歳でわかったときに、宇宙を支配している仕組みがわかってしまったのですが、「うちのお祖父ちゃんはいつ死にますか?」とか「うちの赤ちゃんはいつ生まれますか?」と聞かれれば、それはわかりません。わからないけれど、仕組みはわかっているのです。必ず生まれる日に生まれ、死ぬ日に死ぬということが、頭ではなく魂でわかっています。ですから、基本的に聞かれて答えられないようなことがあったとしても、大本の部分ではすべて理解しています。そして、自分が魂的なレベルで理解していることは、宇宙全体に共鳴します。そうすると、その後のことは宇宙が自動的に運んでくれます。あとはもう無努力。宇宙が勝手にやってくれるからです。

例えば、今私はここに存在しているわけだけれど、宇宙の端から端まで存在しているのは、神です。そして、こっちの端の神の部分と私は、全部繋がっているのです。つまり、ここであることが認識されていることによって、宇宙全体がそれを認識していることになります。だからこれは、単純に「ここにいる私がただ認識している」というレベルではなくて、宇宙全部の認識なのです。そして、すべての人がそうなれるはずなのです。すべてを認識しているという状態に達すれば、宇宙全体と共鳴しているという感じになります。

「愛になる」とはどういうことかというと、そうなったときにはもう愛なのです。模索しているうちはまだ愛にはならない。だからある意味では、自分を手放して神を認識したときに、気がついたら勝手に愛になっていた、ということですね。

そして、実はその神の愛が全宇宙を支配しています。

神の状態になると、外の認識と内の認識が同時に起こり得るのです。人間の通常の意識というのは、基本的に外か内か、どちらかしか見えません。しかし、神の意識は外にも内にも在るのです。私という意識は、外か内かどちらかしかないけれど、我々が神を体験しているのではなく、神が神を体験しているということですから、外も内もなくなるのです。もし仮に、「私」が神を体験しているとすると、外と内が出てきてしまいます。ですから、神の状態になったときに、外に広がる神の状態と内に広がる神の状態が同時に認識できたら、これは正真正銘の神です。でも、どちらかにしかフォーカスが行かなければ、それはまだエゴです。エゴの作用なのです。

みこころを理解するときもそうですが、やはりエゴで以て観察していると、みこころでも直線的というか、ひとつの出来事的な観方しかできません。しかし、神的な意識でみこころを観察すると、もっと立体的になってくるのです。エゴで観察していると、自分が経験していることしかわからないから、周りの兼ね合いというのは自分の中には入ってきません。でも、これが神的な意識でみこころを観たときには、今起こっている現象だけではなくなってくる。宇宙全体がひとつになって動いている感じというのがすごく明確に出てくる、ということですね。

とにかく、なんでもそうなのです。神の目を通して観ているのか、私の目を通して観ているかで、観え方は全然違ってきます。一番理想とされるのは、神の目で観ることができるようになることですね。

Ⅳ　最終到達地点

人間はそれぞれにさまざまな人生を送り、最終的に皆共通のゴールである死に到達します。この世に生を受けることを喜びと考える我々は、死はその反対である苦しみであると、多くの人は考えます。もちろん、死そのものはそのように見えます。なぜならばほとんどの人は死んだ経験がなく、見送る経験しかしていないからです。この悲しみの印象が強すぎて、死というものを正しく認識できていないのです。
しかし、多くの臨死体験者によって、死が至福以外の何ものでもないということが証言されてきています。これは間違いなく、我々にとっての最終ゴールなのです。

昔からの格言に、「死ぬ前に死ね」という言葉があります。私も経験から、死ぬ前に死ぬことがとてつもない意味を持つということを理解していますが、多くの人はピンとこないかもしれません。もちろん、死ぬ前に死ぬとはエゴの死を意味しています。肉体が死ぬ前にエゴの死を経験するならば、肉体の死を超越することができるというわけです。

私にとってのエゴの死の体験は、突如としてやってきました。
その夜、キッチンで紅茶を淹れていると、突然えも言われぬ死の恐怖に襲われました。私はその意識の状態で、二階の自室に籠りましたが、この恐怖はエゴの死を意味するということもわかっていました。喜ぶべき現象が起こりつつあると理解もしていました。しかし、やはり死に直面するということは、恐ろしい感覚に襲われるものです。

その後、私は神の訪れを経験するのですが、死ぬと思っていたエゴは死ぬことはなく、そのまま維持されました。

自らの修行経験や伝聞から、エゴは消滅するものだと思い込んでいたのですが、エゴの消滅は起こらず、そのまま据え置きになりました。

しかし、神の意識が私の意識に入ってくることで、私の意識が神になるという経験をしました。その後、神が去ると私の意識から神は消え去りましたが、その代わりに置き土産のように、神がやってくることによって生じた目覚めた認識が残りました。ついに、閉じられていた扉は開かれたのです。

たとえるならば、すべての人の意識の中心には、神が座るための玉座が鎮座しています。信心深い人は神の到来を願い、その玉座はピカピカに磨かれています。また精神性に興味のない人の玉座は、隅っこで蜘蛛の巣を被っているかもしれません。我々の自我意識は、玉座を認識しなければ好き勝手にやりたい放題ですが、いよいよ神が意識の中心の玉座に現れると、我々はその神に圧倒され、臣下のように仕えるようになるのです。エゴが強くても弱くても関係ありません。ただ私たちは神の臣下なのです。

このようについに「神がやってきた」となると、我々は徹底的な認識を与えられます。それは、我々が神の真の下僕であるということです。エゴがあろうがなかろうが、下僕なのです。

ある王に仕える臣下が欲張りだろうが欲がなかろうが、王にとって愛すべき臣下は王への忠誠の度合いです。欲張りかどうかはあまり関係ありません。これと同じように、神からすると欲があるかどうかはあまり関係ないのです。そればかりか、そもそも欲を与えたのは神自身なのです。

神が去った後、神が残していった目覚めた認識は、強力な理解力を伴っており、神は去れども、神が去ることはなく、常に在り続けているという明確な智慧を与えてくれます。

これもたとえるならば、王様が地方へ視察の旅に出るときに、玉座を守るように臣下に対して全権限を与えるというような感覚です。臣下からすると、今宮殿に王様はいないけれども、それによって王様の権威と象徴がなくなったのではないということを理解しているのです。王国は国王のものであって、国王がたとえどこにいようとも、国王のものであることに変わりはありません。

このように、神は去るけれども、認識が残り、神はいなくても、神は在る。もとより、神がいないことがない、という絶対的な認識が残るのです。そこでは、エゴの働きは関係なく、神の活動以外はどうでもよいのです。エゴを満足させるかどうかは神の現れには全く関係ないのです。エゴなど足元にも及ばない、という認識を与えられたのちは、認識だけがすべてとなります。認識したものが自分にとってのすべてとなるからです。

私にとってもこの認識は、その後、私のすべてを変えました。他人の悩みを聞くということにも変化がありました。それまでは、困ったことの解決方法を探っていたのですが、認識を得てからは、相談者の悩みを聞くだけで良いのです。悩みを聞き、私が認識するだけで、事態は変化します。場合によってはそれだけで問題が解決するのです。この認識の力が、自分以外の外側の世界へも影響するようになっていったのです。

　もちろん、神はことあるごとに私の意識の宮殿に帰ってきます。そして、しばらく玉座でくつろいだ後、去っていきます。そのたびに私の認識は更新されます。わかったことが変わるわけではありません。ただ更新されるのです。スマートフォンの仕組みと変わりません。軽いバグの修正が行われるといった感じです。ここで言うバクとはマーヤのことであり、ウイルスが魔です。王様が王様であることに変わりはありませんし、王様がこの国の律法であることも変わりません。ただし、細かい点が修正されるのです。

　もちろん、神が絶対的結論であり、それが外に現れようが内に現れようが変わらぬ結論です。問題は我々の認識力です。そこには常に、「何を解るべきか」という命題が存在しています。起こる出来事は変えられません。すべては起こるべくして起こるのです。ただ、そこに「何を解るべきか」という命題が存在し、それを認識し、理解していくことが、我々にできることです。

　そして、この認識力は神によって与えられるものです。与えられるというよりも、神を経験すれば、当たり前に生じるものです。

このようにして、我々人間を圧倒的な力で支配しているのが神です。

時に我々は、その支配に対して不満を抱くかもしれません。しかし、それはどうでもよいエゴの作用であって、真理とは全く無関係です。真理とは我々が好むと好まざるとにかかわらず、絶対的な答えなのです。好む人はさらなる高みに昇り、好まざる人は好むという意識に変容するまで鍛え上げられていきます。人間は徹底的な自我の崩壊を経験すると、「もう好きにしてください」と、自己を明け渡すことができるようになります。この自己放棄こそが我々に必要なものであって、神への近道です。ですので、好まざる人はもう少し遠回りしなければならないのかもしれません。

答えは至ってシンプルであり、圧倒的です。私も世界も神のものなのです。もちろん、自由も与えられています。しかし、その自由とは行為の自由ではなく、意識・魂の自由です。人間からすると行為の自由が必要だと感じますが、行為の自由など、魂の自由の前では無意味です。

この世界が神のものであるという頭の理解は、我々に不自由さを与えるかもしれませんが、魂の理解からすると、これほど自由なことはないのです。

自分が神の所有物であると悟るならば、魂は自由になり、ただ神に従えば良いだけです。これほどまでに素晴らしいことはないのです。しかし、この理解は魂のレベルで経験されなければ理解されません。避けられるものは避けられますが、避けられないものは避けられません。避けられないものは受け入れるしかありません。

これは、ただ現象を受け入れるということではありません。神を受け入れるということを通して、それに付随する現象は、すべてみこころとして自動的に受け入れられるようになるのです。そして、みこころとして受け入れられるとき、そこには魂の自由があり、我々はマーヤから解き放たれます。


我々の存在は魂であり、魂の次元では、すべての魂が繋がり合い、さらに神とも繋がっています。我々はひとりではありません。全員と繋がっているのです。

人間どうしは、それぞれさまざまな形の愛によって繋がっています。しかし、最終的にその繋がりは、神の愛という最高の愛によって完成されるのです。


この人生というドラマを通して我々が経験するべきは愛です。

人は死の瞬間、生まれてから死ぬまでにどれだけの愛を経験したかを想い出します。そして、この世界が神の愛の現れであると理解します。すべてが完璧であり、歩んだ人生が愛に満ちていたと理解します。人生の意味とは、ただ愛に尽きるのです。

この愛こそが我々の最終到達地点であり、ここに今存在する理由です。

現在の我々における苦しみは、かつて経験のないものであり、複雑化しています。これらの世の中の解決方法は、実は至ってシンプルなのです。社会が複雑化し、人間も複雑化し、複雑な答えを見出そうと皆躍起になっています。しかし、我々は人間です。人間が求めるものは本来愛しかないのです。

ですから、我々に可能なことは「いかに愛するか」です。我々は愛し方も愛され方も忘れてしまい、ついに路頭に迷ってしまうのです。

ただ愛すること。大変シンプルなことです。一人ひとりが愛を実践することで、愛が人を目覚めさせ、また愛は拡散されます。こうして、愛が広がった状態を、平和と呼ぶのです。戦って得たものは平和とは呼びません。ただ愛が拡散することで、世の中は簡単に平和になります。

我々が住む本当の世界は、愛のみが支配する世界です。

よく、愛に理由はいらないと言います。愛とは感じるものであり、経験するものだからです。それは勝手にあるものであり、人間とは愛に乗っ取られるものなのです。無理に愛そうとしても、愛は湧き上がってきません。また、愛を無理に求めても、得られるものではありません。それは、気がついたときにそこに在るものなのです。

愛に理由がいらないように、愛は説明するものではありません。ただ愛であることに尽きるのです。

ひたすら愛であること。それが、我々の真の姿です。愛を語ることに意味はありません。ただ慈愛を込めてにこりと笑うだけです。笑顔は世界を変えていきます。平和とは、皆が笑顔になる世界です。皆さんの笑顔が皆さんの人生を、そして世界を変えていくのです。

笑顔を絶やさないこと。常に愛に溢れる笑顔で過ごしてください。

この愛をもって、本書の結びといたします。

我々が人生で経験するのは
ただ愛である

我々は誰かを愛し
そして誰かから愛される

しかし、これらの経験は
すべて神から来る

神こそが愛の源であり
我々の人生の目的である

あらゆる瞬間に
愛は存在している
私たちの本質とは
愛そのものなのである

いつか気づくときが来る
その瞬間
そこには愛しか存在していないだろう

編集後記　三部作刊行を終えて

このたび、本作『目覚めの力』の刊行を以て、岩城和平先生の三部作が完成することになりました。

一冊ではとてもまとめきれない、というところから、自然な流れで連作となり、それぞれが独自のカラーを持つ三部作となりました。二〇二〇年を境に世界は大きく変化し、その時代の波を受けながらも、それに呼応するようにこの三部作を送り出せたことに、まずは安堵と、そして小さいながらも強い希望を感じています。

『恩寵の力』では、和平先生の半生の自伝を含め、二十年以上にわたり根本的に何ひとつ変化することのない教えの内容を、はじめてパブリックにご紹介しました。

それは、インド哲学においてもよく言われるような単語を使いながらも、和平先生の経験から編み出された独特の言い回しを以て、人生の・世界の・宇宙の・そして、それを超えるものの観方を提示するものであり、人によっては、それだけで目の覚めるような思いをされた方もいるだろうと思います。

根本的には変化がないとはいえ、年を経るごとに教えの内容は常にアップデートされており、時代に即して、また伝える相手によって変化している部分があります。仏教用語では対機説法と言うのかもしれませんが、「講話と問答」部分では、それを含めての会話の機微や臨場感、そしてそこに込められる言外の「恩寵の力」を感じ取ってもらえるものと思います。

続く『母の力』では、今までどこにも明かされたことのなかった、全てを生み出す大本の力である、根源的な「母」とは何か、にフォーカスがなされ、一般に「悟後の修行」とも言われるものへの詳述がなされています。

晴れ渡った空のような、人の意識の本来的な姿を覆い隠すものの正体である「マーヤ」、そして、人の情動に働きかけては、時に人を行動に駆り立て、欲望に走らせ、結果として物事を展開させる力を持つ「魔」、そして、それらを生み出した「母」はまた、私たち自身を創造した力でもあるのです。

それらに対する詳述は、直接「母」を感得し、そこから得られた叡智を血肉化した人からでなければ語り得ない、感嘆するような壮大な「仕組み」に対する理解を読者に提示するものとなりました。

私事にはなりますが、『母の力』を制作する過程で、私のお腹の中に小さな命がやってきたことで、毎日その「母の力」に翻弄されながら編集を続けるという稀有な体験をしました。それは、「すべては一つ」、「ワンネス」などとよく言われるような、ふわっとした理解を粉砕するかのように、「あなたとは別の個体です！」とお腹の中からしっかりと主張し、その期間は自分の中に別の意識があることで、マーヤの抗いがたい大きなマントの中にすっぽりと入ってしまったようでした。絶対的な意識が覆い隠されて（本書の表現に即して言えば「神がなくなってしまい」）、まさに「マハーマーヤ」という呼び名高い、「母」の作用を強く感じる体験となりました。

その後、無事に『母の力』は刊行され、お腹の中にいた命も外に出てきました。その子が力いっぱい泣いた後、ようやくすやすやと眠りについたある晩、それを眺めている自分に、大きくて強い作用のある愛が、まさに内側から溢れ出てくる経験をしました。

それが、根源の「母」から来ていること、そして、「母」はそれを、この世界の全てのものに、ひとつの例外なく注ぎ続けているという理解を和平先生から与えていただいたことで、その体験が私の中に意味を持って息づき、慣れない育児に消耗していた心身が、蘇るような生きた理解となりました。

人によっては、この作品で翻弄されたように感じられる方もいらっしゃるかもしれません。それほどに、強く作用するエネルギーを持った本になりました。

そして、そのエネルギーの渦を鎮めるかのように、ある意味で「父の力」をまといながら、前作刊行から一年以上かかりましたが『目覚めの力』がここに無事に刊行されました。

本作は、「母」「父」への理解を喚起しながらも、二元性を超えるものの観方へと読者を一気に誘うものです。

タイトルからわかる通り、自己探求をする人にとっての目指すべきゴールである、目覚めの最終形態である悟り、そして死にフォーカスがなされています。

「母」の力によって生み出されたものは、確実に死を迎えます。誰もが皆、いずれかのタイミングで、親しい人を死によってなくし、自身もまた死を免れることはできません。それが三次元世界の掟でありますが、その背後には、生まれることもなければ、死ぬこともない、絶対的な存在があります。その見ることも聞くこともできないものが確かに「在る」ということが、私たちに、死を乗り越える力と、現実世界に溺れずに現実世界を生き抜く智慧を与えてくれるのだ、と本書は繰り返し教えてくれます。

本来、悟りや神といったものは、言葉で表すことができないものです。しかし、宇宙が始まる前からのことわりを、和平先生の卓越した言語化能力でもって顕わしめてしまった、というのが今回の『目覚めの力』です。

そこには、言葉を使いながらも、言葉を超えて、私たちの魂に直接作用してくる、「目覚めさせる力」が、溢れんばかりに乗せられているのです。

本作の中には、こんな一説があります。

「悟りが在るのではない、神が在るのだ」

このテーマの幾多の本が世に出されているとはいえ、そんなことを言っている人にも、本にも、私は今まで出会ったことがありません。

「絶対」が在る、ということを、観念ではなく、全身全霊でわかっている人から発せられる言葉には、必然的に、人を強くインスパイアする力があります。それはとても透徹した言葉です。

同時に、前二作にも共通する、人生を全肯定させてくれる、言いようのないあたたかなエネルギーに満ちた教えが、根底にいつも流れているのです。

それこそが、和平先生という人であり、この三部作を大事に仕上げて、皆さんにお届けしようという原動力を与えてくれるものでもありました。

「絶対」があり「答え」がある、ということが、どれだけ人を救うものであるのかは、この不安定で一寸先がどうなるかわからない社会的な状況にあって、より明確になるものだろうと思います。

そして、「みこころ」と共に生きることによって、私たちは唯一無二の自分の人生から学び、自分の中にたくさんの視点を培い、自他を大事にすることができるようになります。それを、修道と呼ぶのだと思います。

最後になりましたが、本書は刊行のためのファンディングを行いました。呼びかけてすぐに十分なご支援をいただき、皆さまからの応援を一心に受けながら、刊行を成し遂げることができました。誠に、ありがとうございました。

また、三部作を通して、長年の経験から編集への的確なアドヴァイスをくださった向坂好生さん、美しく力のある装幀で本に輝きを付加していただいた装幀家の芦澤泰偉さんにも、この場を借りて、心より感謝申し上げます。

ただただ、向かうべきものはシンプルなものであるという理解を読者の皆さんと共有し、和平先生の放つ、あたたかく肯定的なエネルギーで満ちた三部作が広く行きわたって、雲の隙間から太陽が顔を出すように、私たちの内から少しずつ晴れ間が広がっていくことを願っています。

本書を手に取っていただき、ありがとうございました。

二〇二四年一月吉日

蓮華舎　大津明子

著者

岩城 和平

（いわき・わへい）


1965年東京生まれ。

俳優の両親の元に長男として生まれる。ベトナム戦争のまっただ中、反戦運動をしていた両親が、世界平和の願いを込めて"和平"という名前をつける。幼少期より度重なる臨死体験とその体験よりもたらされた感覚によって、神秘の世界に目覚める。

8歳のときに弥勒菩薩との遭遇により歩むべき道を確信し、13歳からはキリストを愛し、日々祈りの中で過ごす。15歳でヨーガと出会う。この頃、平和運動、教育、環境問題と関わり、17歳で人生のテーマは平和の実現だとわかる。自分の中の宗教的感性によってインドへと導かれ、ビハール・スクール・オブ・ヨーガ主宰、スワミ・サッテャーナンダ師の弟子となり、21歳までヨーガの修行をする。師の助言に従い仏教の勉強を始め、しばらく師を探す旅をする。のちに、チベット仏教のサキャ派の法王であるサキャ・ティチェン師と出会い、師の元で修行が始まる。26歳からは、運命的な出会いを通して、チベット仏教四大ラマのひとりであるニンマ派最高峰の生き仏、ミンリン・ティチェン師の弟子となり、ゾクチェンやその他の教えを学ぶ。師から、自分の役目は日本にあると言われ日本に帰国。29歳から日本での本格的な生活が始まる。35歳のときに恩寵により人生における疑問のすべてが解消し、以来、自らの人生での経験や理解を通して得られた知識を教える日々を過ごしている。著書に『恩寵の力――必然性に導かれた人生の答え』『母の力――すべての創造の根源からの教え』（蓮華舎 刊）。

本書出版への賛同・ご協力
高橋 正樹、林 大貴、林 咲希、林 明花音、林 和花、山本 良子、松本 一美、
宮本 かおり、堅田 知徳、加藤 律子、末藤 浩一郎、岸 輝雄、増永 守、
林 亨一、田藤 健作、篠原 昌与、西 恭史、末元 あすか、砂埜 好子、
長谷部 悟、石田 麻衣、清水 理恵、根本 まゆみ、TAKYAM、勇薙、塩川 耕平
（順不同・敬称略）

Padma Publishing

目覚めの力
悟りと死が教える人生の目的

2024（令和6）年3月10日　第1刷発行

著者
岩城 和平
発行者
大津 明子
発行所
蓮華舎
Padma Publishing
〒102-0093
東京都千代田区平河町2-16-6 jeVビル
TEL：03-6821-0409
FAX：03-6821-0658
HP：https://padmapublishing.jp/

印刷・製本
株式会社シナノパブリッシングプレス

Printed in Japan ISBN978-4-910169-09-5

蓮華舎の本

●シュリー・エム（SriM）著作

『ヒマラヤの師と共に──現代を生きるヨーギーの自叙伝』

定価：本体4,800円（税別）
発行：2020年1月
A5判上製 400頁

「私ができたことはあなたにもできる。」


そう断言するシュリー・エムはムスリームの家庭に生まれ、ヒンドゥーの教えに出遇い、世に生きながら悟りを生きる最高峰のヨーギーとなった。

家出少年がヒマラヤで人生の師と巡り合い、織りなされる物語は、師と弟子の至高の愛の物語であり、魂の遍歴を巡る壮大なノンフィクションである。

『あるヨギの自叙伝』に勝るとも劣らない現代におけるヨーギーの自叙伝である本書は、数々のインドの重要な聖者や賢者と著者の邂逅を記録した貴重な歴史書であり、私たちの想像の次元をはるか彼方へと誘う文学作品でもある。

『オン・メディテーション──現代を生きるヨーギーの瞑想問答』

定価：本体2,700円（税別）
発行：2020年10月
四六判上製 264頁

「瞑想とは、心の条件付けを取り去り、本来の状態に戻すための実践です。

それによって無限の命の源泉と叡智に繋がり、永遠に続く真の幸福を得ることができるのです」

（本文より）


『ヒマラヤの師と共に──現代を生きるヨーギーの自叙伝』（蓮華舎刊）で世界を魅了し、現代の『あるヨギの自叙伝』として日本に初上陸したシュリー・エムによる初の瞑想実践のための手引書。

ヨーガやインド哲学に対する深い理解と経験に基づきながら、激変する時代に生きる私たちが生活の中で瞑想を実践する意味、目的や実践方法などについて、ダライ・ラマとの問答や寓話などを織り込みながら、初心者から経験者までを網羅する厳選された87の問答集。